대한민국 리스크-지방재정편

지방자치단체, 돈이 새고 있다

차례
Contents

03 지방재정, 왜 위기인가 **21** 지방예산, 어떻게 파악할까 **48** 재정위기의 원인과 대책 **77** 위기를 기회로 바꾸는 길, 참여예산

지방재정, 왜 위기인가

지방재정에 무슨 일이

한국의 지방자치단체는 2011년 1월 기준 총 244개다. 광역자치단체(특별시·광역시·도)가 16곳, 기초자치단체(시·군·자치구)가 228곳이다. 이들 지방자치단체가 집행하는 한 해 예산이 2011년도 당초예산[1] 순계[2] 기준으로 141조 393억 원에 이른다. 여기에 광역자치단체별로 별도로 설치된 교육자치기관인 시·도교육청이 쓰는 예산이 같은 기준으로 43조 9,214억 원이다. 이 둘을 합하면 185조 원 정도가 된다. 같은 해 국가(중앙정부) 예산 235조 5,574억 원의 80% 정도 규모다.

더구나 실제 재정사용액 기준으로 보면, 지방정부(지방자치단체와 지방교육청)가 쓰는 예산이 중앙정부보다 많다. 예산을 편성할 때는 국가 예산으로 하지만, 실제 집행할 때는 지방정부가 일하도록 하고 대신 국가 예산을 지방정부에 지원하는 경우가 많기 때문이다. 그래서 국가의 실제 재정사용액은 편성한 예산보다 크게 줄어 137조 원대가 되지만, 지방정부는 편성한 예산 대부분을 스스로 집행하기에 재정사용액이 거의 줄지 않는다. 시민은 지방정부가 국가에 비해 주로 작은 일을 하고, 권한이 적기 때문에 예산도 얼마 안 될 것으로 생각하는 경우가 많다. 하지만 실제로는 전체 정부예산의 절반 가까이(44%) 지방정부 소관으로 편성되고, 실제 재정사용액은 57%에 이르러 오히려 중앙정부의 재정사용액을 넘어선다.

구분		국가	지방자치단체	지방교육청
예산규모	금액(원)	235조 5,574억	141조 393억	43조 9,214억
	비율(%)	56.0	33.5	10.5
재정사용액	금액(원)	137조 3,856억	136조 4,800억	47조 3,857억
	비율(%)	42.8	42.5	14.7

국가예산 대 지방예산 비율(2011년도 예산 기준)
(자료: 행정안전부, 『2011년도 지방자치단체 예산개요』, 2011.)

예산의 규모뿐 아니라 내용 면에서도 지방재정은 매우 중요하다. 특히 국민의 일상생활에 미치는 영향 면에서 그러하다. 지방자치단체 예산에서 비중이 가장 높은 분야는 사회복지(20%)이고, 그다음이 행정운영경비(인건비 등)인 기타 분야(16%)다. 이어 수송 및 교통, 환경보호 등의 분야가 높은 비율을 나타낸다. 그런데 앞서 설명한 대로 시·도교육청이 집행하는 지방교육예산은 별도로 운영되므로 일반 지방예산 집계에선 제외된다. 하지만 교육청 예산도 지방자치 차원에서 편성·집행되는 지방재정의 한 분야이므로 이를 함께 고려해야 한다. 교육청 예산까지 포함하면, 지방예산에서 높은 비중을 차지하는 분야는 교육, 사회복지, 기타 분야 순으로 순위가 바뀐다. 2011년도 일반 지방자치단체 예산 중 교육 분야는 9조 원으로 전체 예산 중 6% 정도지만, 교육청 예산 44조 원과 합하면 53조 원에 이르러 지방자치단체와 교육청 예산을 합한 총 지방예산 185조 원의 28%를 차지한다. 사회복지 분야 28조 원의 배 가까운 규모로 압도적 1위다. 교육과 사회복지 다음으로 비중이 높은 기타 분야는 22조 원(16%)으로 공무원 인건비 위주의 기본운영비로서 특정 분야에 속하는 예산은 아니다. 그다음으로 비중이 높은 분야는 수송 및 교통(10.7%), 환경보호(10.7%), 일반공공행정(8.9%), 국토 및 지역개발(8.3%) 순이다. 이처럼 지방예산은 주로 교육과 복지 등 국민 생활에 밀접한 분야 위주로 쓰이고 있다.

이처럼 지방자치단체는 중앙정부와 맞먹는 많은 예산을 편성하고 집행하면서 국민 생활과 밀접한 행정 분야를 담당하고 있기 때문에, 지방재정이 건실하게 운영되는 것은 국가적으로 매우 중요한 문제다. 그런데 최근 몇 년 사이 지방자치단체 재정사정에 전례 없는 짙은 먹구름이 드리우면서 '지방재정이 위기 국면으로 치닫고 있다. 이대로라면 파산하는 지방자치단체가 나오지 말란 법도 없다.'라는 인식이 급격히 확산되고 있다.

분야	내용	금액(원)	구성비(%)
일반공공행정	광역→기초 재정지원, 채무상환 등 금융비용 포함	12조 5,034억	8.9
공공질서 및 안전	민방위·재난방재 대부분	2조 3,366억	1.7
교육	시·도 교육청 예산 별도	9조 143억	6.4
문화 및 관광	체육, 문화예술 비중 큼	6조 9,872억	5.0
환경보호	상·하수도, 폐기물 대부분	15조 305억	10.7
사회복지	주택, 보호, 노동 등 포함	28조 4,632억	20.2
보건	보건의료, 식품의약 안전	2조 82억	1.4
농림해양수산	농·어촌 관련	9조 7,944억	6.9
산업·중소기업	산업지원, 에너지개발 등	3조 437억	2.2
수송 및 교통	도로·철도·해운·항공 등	15조 1,118억	10.7
국토 및 지역개발	수자원 개발 포함	11조 6,385억	8.3
과학기술	과학기술 연구지원 등	3,293억	0.2
예비비	예측할 수 없는 지출 대비	2조 3,125억	1.6
기타	인건비 등 행정운영경비	22조 4,657억	15.9
합계		141조 393억 원	

지방예산 분야별 비중(2011년도 일반·특별회계)
(자료: 행정안전부, 『2011년도 지방자치단체 예산개요』, 2011.)

특히 2010년 7월 성남시장이 모라토리엄(moratorium, 지급유예)[3]을 선언한 사건은 국민에게 큰 충격을 주었다. 당시 6월 지방선거에서 당선하여 갓 취임한 이재명 성남시장이 전임 시장 때 판교신도시 건설을 위한 특별회계에서 빼내 썼다가 정산 지급해야 할 돈이 5,200억 원에 이른다며, 성남시 재정사정으로는 이 돈을 당장 마련할 수 없어 지급을 유예할 수밖에 없다고 선언한 것이다.[4] 지방자치단체의 모라토리엄 선언 자체가 전대미문의 사건일 뿐만 아니라, 재정자립도 67.4%(2010년 기준)로 가장 부유한 자치단체 중 하나인 성남시가 '재정파탄'에 직면했다는 점이 사회적 파장을 더욱 크게 했다.

당시 성남시장의 주장을 따르면, 7월 중 판교신도시 조성사업비를 정산하면 지난 4년간 판교특별회계에서 예산을 빼내 신청사 건립과 도로공사 등에 사용한 돈을 채워 넣어야 하는데 단기간 내에 그 돈을 마련할 길이 없다는 것이었다. 이에 대해 중앙정부와 LH공사는 성남시장이 사태를 과장하고 있다며, 성남시가 실제 단기간 내 지급해야 할 돈은 350억 원밖에 안 되기 때문에 재정사정에 문제를 일으킬 수준이 아니라고 반박했다. 일부 여론도 신임 시장이 전임자의 실정(失政)을 부각하기 위해 국민의 불안감을 자극하는 무책임한 정치적 쇼를 벌인 것이라고 비난하기도 했다. 그러나 이 사건의 핵심은 2009년 말 완공된 사업비 3,222억 원의 초대형 시청사와 도로 1.56킬로미터 공사비가 3,000억 원을 넘어 1미터마다 2억 원이 든 셈이라는 공원로 확장공사[5] 등의 방만한 사업비용을 나중에 갚을 대책도 제대로 마련하지 않은 채 빚으로 조달했다는 점이다.

비슷한 시기인 2010년 6월에는 대전 동구청의 신청사 건설공사가 중단되는 일이 벌어졌다. 총사업비 약 700억 원 중 남은 공사비 300억 원을 조달할 길을 찾지 못한 구청이 공사 진행을 보류한 것이다. 이 사업은 1년여간 중단되었다가, 대전시가 구청사를 사들이기로 하면서 2011년 5월에서야 공사를 재개할 수 있었다. 하지만 남은 공사비를 마련하기 위해 동구는 또 80억 원의 지방채를 발행하고, 구청사와 함께 도서관 1곳도 매각했다. 이 구청은 이미 신청사를 짓느라 발행한 지방채 166억 원을 비롯해 298억 원의 채무를 지고 있어 지방채 추가 발

행분까지 합하면 빚은 378억 원에 이른다.[6]

그보다 앞서 2009년 말에 부산시 남구청이 직원 인건비 예산이 모자라 지방채 20억 원을 발행하는 사상 초유의 사건도 있었다. 그런데 이 구청이 이런 지경에 이르게 된 데도 이른바 '호화 청사'가 한몫을 했다. 부산 남구는 2007년 입주한 신청사 건설비 437억 원 및 체육센터 신축비용 등을 조달하기 위해 이미 120억 원의 빚을 낸 상황이었던 데다, 감세정책 및 경기 침체의 여파로 재정지원금이 급감하는 바람에 필수경비인 인건비조차 마련하지 못하게 되자 또다시 빚을 낸 것이다.[7]

가장 기본적이고 필수적인 비용인 직원 급여조차 마련하기 어려울 정도로 지방재정이 악화하였다는 데 국민은 놀라움을 금치 못했다. 더구나 연이은 언론보도에 의해 이것이 유별나게 사정이 안 좋은 한두 개 지역에 국한된 문제가 아니라는 사실이 드러났다. 경기, 대전, 부산 등 전국 곳곳의 27개 지방자치단체가 2009년도 말 편성한 2010년도 예산에 인건비를 전부 반영하지 못했다는 사실이 뒤늦게 밝혀진 것이다. 이들 자치단체는 예산이 너무 부족해 1년치 인건비를 전부 편성하지 못하고, 80% 정도만 책정한 채 이후 상황을 봐서 마련하기로 미뤄두고 있었던 것이다. 게다가 더욱 심각한 문제는 이런 상황이 다음 해에도 그대로 반복되었다는 사실이다. 2011년도 예산 편성 때도 26개 자치단체에서 같은 일이 또 벌어졌다.[8] 이런 식으로 계속 가다가는 부산 남구처럼 빚을 내 급여를 지급하는 지방자치단체가 전국 곳곳에서 나타나지 않는다고 장담할 수 없다.

몇 년 전만 해도 아무도 상상하지 못했던 일들이 한두 해 사이에 연이어 터져 나오고 있다.

빚이 늘고 있다, 넓고 빠르게

이런 일이 극소수 지역만의 일이거나 일시적인 문제라면 그나마 다행이겠지만 전반적인 상황을 살펴봐도 암울하긴 마찬가지다. 우선 전국적, 지속적으로 지방자치단체의 빚이 늘고 있다. 지방채는 2000~2003년까지 꾸준히 감소했으나 2004년 증가세로 돌아선 이후 점점 증가율이 높아지고 있으며, 특히 최근 증가세가 급격해졌다. 2008년까지는 연간 증가율이 5% 미만이었는데 2009년에는 지방채 잔액이 25조 5,531억 원에 이르러 2008년의 19조 486억 원에서 1년 만에 34%나 급증했다.

교육청의 빚인 지방교육채는 더하다. 2009년 시·도교육청은 총 2조 1,316억 원의 지방채를 발행했는데, 이 금액은 전년 대비 782%나 증가한 것이다. 반면 갚은 것은 3,226억 원에 그쳤다. 결과적으로 2009년도 말 기준 지방교육채 잔액은 2조 1,773억 원으로 1년 전의 3,682억 원보다 1조 8,090억 원이나 불어났다. 무려 491% 급증이다. 더구나 이렇게 한꺼번에 진 빚은 상환해야 하는 시기가 오면 자체수입이 거의 없는 지방교육청에 큰 재정적 압박이 될 것이다.[9]

정부는 이러한 지방채 급증이 2008년 말 세계 금융위기 이후 경기 침체 탓에 세수는 줄어든 반면 경기 활성화나 일자리

사업을 많이 하면서 생긴 일시적 현상이라고 설명하면서, 경기가 점차 호전되고 있고 강력한 채무 감축 노력을 기울이고 있으니 안심하라고 이야기한다. 하지만 정부 말과 달리 지방채무는 계속 늘고 있다. 언론 보도에 따르면 2010년도 지방채 잔액은 28조 5,491억 원으로[10] 1년 전보다 3조 원 남짓 불어났다.

더 무서운 빚은 지방공기업의 부채이다. 공기업 부채는 공식적으로는 지방정부의 채무로 잡히진 않지만, 공기업이 경영난에 빠지면 결국 정부가 최종 책임을 져야 하는 것을 고려하면 결코 안이하게 생각할 문제가 아니다. 공기업은 지방자치단체보다 훨씬 많은 빚을 지고 있다. 2008년도 말 기준 지방공기업 부채는 47조 3,284억 원에 이른다. 불과 5년 전인 2004년에는 21조 3,136억 원이었던 것이 연평균 22%나 불어난 결과다.

특히 도시개발공사의 부채 증가세는 월등하다. 같은 기간 도시개발공사 부채는 3조 3,061억 원에서 24조 7,827억 원으로 20조 원 이상 늘어났다. 연평균 증가율이 65.5%나 된다. 2005년 이전에는 지하철공사 부채가 제일 많았다. 이후 지하철공사는 거의 부채가 늘지 않았지만, 도시개발공사는 부채를 팍팍 늘려가며 다른 공기업들을 멀찌감치 따돌렸다. 2004~2008년간 공기업 부채 전체 증가액이 26조 원 정도인데, 공기업 부채 증가의 대부분은 도시개발공사 탓이라고 볼 수 있다. 그중에서도 SH공사와 경기개발공사, 인천개발공사 등 수도권 광역자치단체의 도시개발공사들이 부채 증가의 주역이다. 이들 공사의 부채를 합하면 19조 원으로 전체 도시개발공사 부채의 77%를 차지한다. 이렇게 빚을 많이 지고 건실한 경영이 될 리가 없다. 감사원이 2010년 10월 실시한 '지방공기업 개발사업 추진실태' 감사결과(2011년 5월 발표)에 따르면, 인천도시개발공사 등 14개 도시개발공사는 영업이익으로는 이자비용조차 충당하지 못해 '빚을 내서 빚을 갚는' 실정인 것으로 밝혀졌다.

(단위: 억 원, %)

구분	2004	2005	2006	2007	2008	연평균 증가율
도시 개발공사	33,061	58,625	150,204	202,044	247,827	65.5
전체	213,136	237,822	357,421	412,885	473,284	22.1

연도별 지방공기업 부채현황
(자료: 국회예산정책처, 『지방자치단체 재정난의 원인과 대책』, 2010)

과거 부동산 경기가 호황일 때는 빚을 내서라도 개발사업을 빨리 추진하면, 금방 고가에 분양됐기 때문에 별문제가 없었을지 모른다. 하지만 경기 침체 탓에 빚을 내서 건설한 아파트 등이 잘 팔리지 않게 되면서 이들 도시개발공사 부채가 지방재정의 안정성을 위협하는 중요한 요인으로 드러나고 있다. SH공사는 서울시가 2008~2010년 동안 4,167억 원을 출연금으로 투입했고, 이는 다른 공기업들도 마찬가지다. 공기업의 재정사정이 악화하면 지방자치단체 예산으로 충당해야 할 금액이 늘어나게 되고, 이는 결국 가뜩이나 어려운 지방재정에 큰 압박을 주게 될 것이다.

더욱 심각한 문제는 이러한 현실을 아는지 모르는지 일부 자치단체가 예산 부족으로 추진하기 어렵게 된 대규모 개발사업을 공기업 부담으로 계속하기 위해, 공기업에 비용을 떠넘기거나 심지어 과도한 빚을 내도록 사실상 배후조종까지 한다는 점이다. 앞의 감사결과 드러난 사례를 보면, 인천시는 특수목적법인(SPC)을 설립하여 '숭의운동장 도시재생사업' 등 12개 PF(Project Financing)사업을 하면서 사업성과가 시에 귀속되는데도 사업비와 법인세 등 7,615억 원을 인천도시개발공사에 전가했고, 2008년 '세계도시축전 기념관 건립사업'을 공기업이 대행하게 하면서 사업비 등 261억 원을 주지 않기도 했다. 또한 2008년 수익·처분이 불가능한 재산 1조 3,403억 원을 인천도시개발공사에 편법 출자하여 공사의 부채비율을 외형상 2,330%에서 10분의 1인 233%로 떨어뜨린 후 공사채를 법정한도보다 5,627억 원이나 초과 발행하게 하기도 했다. 결국 인천도시개발공사는 2011년 현재 부채비율이 1,269%에 달해 채무불이행이나 사업 중단이 우려되는 처지가 되었다.

지방자치단체는 중앙정부가 정한 한도액을 초과하여 지방채를 발행하고자 하면, 행정안전부 장관의 사전승인을 얻어야 하는 등 엄격한 관리를 받기 때문에 빚을 마음대로 내기 어렵다. 공무원들이 이러한 제약을 피해 힘이 약한 산하기관인 공기업을 강제로 동원해 빚을 얻어 오는 셈이다. 방식의 부당성도 문제지만, 그렇게 끌어온 큰 빚을 어떻게 감당할지 그들도 아무 대책이 없다는 사실이 더 큰 문제다. 너무나 무책임한 일이 아닐 수 없다.

유바리 시 파산, 남의 일이 아니다

 2006년 일본 홋카이도[北海道]의 소도시 유바리[夕張]가 '파산'했다. 이는 일본 최초의 지방자치단체 파산 사례로서 당시 우리 언론도 연일 대서특필로 보도하고, 시사 프로그램에서 특별취재를 하는 등 높은 관심을 보였다. 사실 지방자치단체 파산 사례는 이미 미국 등에서 나타난 적이 있지만, 일본은 지리적으로 인접한 것은 물론 법 제도를 비롯한 사회적 환경이 한국과 매우 비슷하므로 파장이 훨씬 더 컸던 것이다.

 유바리 시는 과거 탄광 도시로 번영을 누렸으나 석탄 산업이 사양세로 접어들면서, 1960년대 11~12만 명에 달하던 인구가 10분의 1인 1만 명대로 떨어질 정도로 쇠락하고 있었다. 유바리 시는 이러한 침체를 극복하고자 '탄광에서 관광으로'라는 강령하에 관광을 전략적 지역재생사업으로 선정하고, 테마파크와 스키장 등 대형 관광시설을 잇달아 건설하였으며, 국제영화제를 개최하기도 했다.

 이 과정에서 유바리 시는 국가의 폐광지역 지원금을 관광산업에 쏟아 부은 것은 물론 감당할 수 없는 빚을 내서 재원을 조달했다. 나중에 관광산업이 활성화되면 투입자금을 충분히 회수할 수 있다고 전망하기도 했겠지만, '정 안 되면 국가가 책임져주겠지.' 하는 안일한 생각을 한 것도 분명하다. 1979년부터 2003년까지 무려 24년간 연임하면서 이러한 정책을 주도한 나카다[中田] 시장은 평소 "차입금을 아무리 많이 써도 마지

막에는 국가가 책임질 것이니 재정이 어렵다고 투자를 줄일 게 아니라 재정이 어려울 때 오히려 투자를 늘려야 한다."라고 주장하면서 기회가 있을 때마다 "국가도 머리를 굴리겠지만, 우리가 더 민첩하게 머리를 굴려 국가로부터 돈을 빼내는 것이 최고다."라고 역설했다고 한다.[11]

유바리 시는 심지어 '분식회계'로 국가와 주민, 금융기관을 속이는 일도 서슴지 않았다. 정부가 금융기관에서 조달하는 일시차입금은 본래 세입과 세출의 시간적 불일치를 조정하기 위해 일시적으로 활용한 후 회계연도 내에 상환해야 하고, 만약 상환하지 못할 시 적자 처리하는 것이 원칙인데 유바리 시는 원칙을 어기고 차입금을 적자를 감추는 데 이용했다. 또한 특별회계와 지방공사, 시 출자회사 등을 이용해 채무를 돌려막으면서 재정이 건전한 것처럼 위장했다.

이렇게 조달한 자금으로 석탄박물관 등 관광시설을 연이어 짓고 민간사업자가 경영을 포기한 호텔, 스키장 등 위락시설까지 사서 시가 설립한 제3섹터(민관 공동개발사업체)에서 떠맡도록 했다. 이미 민간사업자가 수지가 맞지 않아 포기한 사업을 떠안아 잘될 리가 없다. 결국, 적자가 눈덩이처럼 불어나 도저히 감당할 수 없게 되고 말았다. 2006년 당시 유바리 시의 누적 적자는 연간 예산규모(2005년 기준 45억 엔)의 14배인 630억 엔(8,685억 원)에 이르렀다. 이러한 상황을 도저히 감출 수도, 감당할 수도 없게 돼서야 유바리 시는 2006년 6월 재정재건단체 지정을 신청했고 이듬해 3월 총무성이 이를 받아들임으로써 일본 최초로 지방자치단체가 '파산'하는 일이 발생한 것이다.

유바리 시는 혹독한 대가를 치러야 했다. 우선 공무원 수를 2006년 269명에서 2010년 103명으로 감축하고, 시의원도 18명에서 9명으로 줄였다. 공무원의 기본급을 평균 30% 삭감하고 퇴직수당 등 각종 수당도 줄이거나 없앴다. 특히 시장, 부시장 등 고위공무원의 급여를 대폭 삭감했는데, 시장은 70%, 부시장은 65%, 시의원은 40%의 급여를 깎였다.

재정파산의 책임이 큰 시장 등 공무원의 손해는 그렇다 치더라도, 일반주민이 감수하게 된 불이익도 상당하다. 공공기관 통·폐합 조치에 의해 심지어 7곳의 초등학교와 4곳의 중학교까지 각각 1곳씩만 남기고 없앴다. 경자동차세 1.5배 인상과 공공시설 사용료 50% 인상, 하수도 사용료 1.7배 인상 등 지방세와 공공요금이 대부분 크게 올랐고, 이전에 없던 쓰레기 처리 수수료와 입탕세(入湯稅)가 신설되었다. 70세 이상 노인의 공공 셔틀버스 요금은 200엔에서 최고 930엔으로 인상되었다. 시립병원과 시민회관 등 주민복지시설은 폐쇄하거나 민간에 매각하여 유료화했다. 이런 가혹한 수입 증대와 지출 축소를 통해 마련한 돈으로 유바리 시는 2024년까지 매년 19억 엔씩 채무를 상환해야 한다.

유바리 시는 2011년 30세의 전국 최연소 지방자치단체장인 스즈키(鈴木) 시장을 선출하면서 '파산 탈출'을 앞당기기 위해 안간힘을 쓰고 있다. 스즈키 시장은 파산 자치단체의 행정지원을 위해 2008년부터 2년간 유바리 시에 파견되었던 도쿄도(東

京都] 공무원 출신이다. 그는 유바리 시 재생 프로그램에 주민 의견을 반영하기 위해 직접 1,600가구 이상의 설문조사를 해내기도 하고, 지역특산물인 멜론을 활용한 '유바리 멜론 팝콘'을 고안하는 등 열정과 아이디어를 함께 갖춘 사람이라고 한다. 유바리 시민이 나이도 어리고 지역 연고도 없는 그를 시장으로 뽑은 이유는 무엇보다 이러한 그의 능력을 높이 샀기 때문이겠지만, 그 밑바탕에는 '유바리 시가 살아나려면 과거와 연을 끊고 완전히 새로 태어나는 수밖에 없다.'라는 절박함이 깔렸으리라 짐작된다.

하지만 유바리 시의 앞날은 여전히 어둡다. 과거의 실책 때문인 짐이 자신의 힘만으로는 해결하기 어려울 정도로 버거운데다 일본 전체의 경제와 정부재정 여건이 그다지 좋지 않기 때문에 외부의 획기적 도움도 기대하기 어렵다. 유바리 시 인구의 40% 이상은 65세 이상의 노인이고, 지역경제의 새로운 활로를 열 만한 산업기반도 마땅치 않다. 무서운 것은 저출산·고령화가 급속히 진행되는 와중에 부동산경기 침체 등으로 세수감소에 시달리고 있으면서도 여전히 전시성 사업, 투자금 회수조차 장담할 수 없는 대형 건설사업에 몰두하고 있는 우리 지방자치단체들의 모습이 유바리 시의 과거와 너무 닮았다는 사실이다.

재정위기단체 제1호, 어디나 가능하다

당시 한국에서도 지방자치단체의 예산낭비에 대한 비판적 여론이 전에 없이 높아지고 있었다. 1995년 지방자치 부활 이후 민선 자치단체장에 의한 선심성·전시성 사업 등의 폐해가 드러나고 있었기 때문이다. 대표적인 사례로 '호화 청사' 문제를 들 수 있다. 2005년 1,974원을 들여 지은 용인시청사를 비롯해 사업비 1,000억 원을 훌쩍 넘는 거대 규모의 지방자치단체 신청사가 줄줄이 건설되면서 비판 여론이 거세게 일어났다. 언론은 정부종합청사보다 규모가 큰 용인시청을 '용인궁'이라고 비아냥거렸다. 만년 재정자립도 꼴찌를 기록할 정도로 재정여건이 열악한 전라남도와 전라북도도 호화 청사 대열에 동참했다. 용인시청과 같은 해 건설된 전남도청과 전북도청의 사업비도 각각 1,687억 원과 1,691억 원에 이른다.

하지만 아무리 비판을 받아도 호화 청사 대열은 끊이지 않았다. 국회예산정책처의 분석을 따르면, 2005년 이후 신축한 13개 지방자치단체 청사 건립비용은 총 1조 4,233억 원으로 평균 사업비가 1,095억 원이나 된다. 규모 면에서도 13개 청사 중 이천시청 1곳을 제외한 12개 청사의 평균면적은 적정면적의 3.57배에 이른다. 게다가 유지관리비도 대폭 늘어났다. 이들 자치단체는 구청사 유지관리비로 약 80억 원을 쓰고 있었는데, 신청사에 입주하면서 유지관리비를 260억 원이나 쓰게 되었다. 3배가 넘게 늘어난 것이다. 사정이 이런데도 2009년 3,222

억 원짜리 신청사를 지어 단번에 최고액수(이전 1위는 용인시청)를 1,000억 원 이상 높인 성남시는 이듬해 결국 사상 최초의 자치단체 모라토리엄 선언의 주역이 되는 불명예를 안게 되었고, 신임 시장은 신청사 매각을 추진하겠다고 발표하기까지 했다.

지방재정의 낭비사례로 가장 많이 거론되는 또 하나의 주제는 각종 지역축제 문제다. 지역축제의 '난립'은 민선 지방자치 시행 이후 고질적인 문제가 되어 왔다. 민선 자치단체장이 인기 관리 등을 위한 손쉬운 전시성 사업으로 축제를 단골 메뉴로 선택하기 때문이다. 지방자치단체의 행사·축제경비는 2003~2005년간 매년 20% 이상 증가했고, 2006년 증가세가 잠깐 주춤했다가 2007년부터 다시 10% 이상 늘어나고 있다. 결과적으로 2003년 3,731억 원이던 지방자치단체의 행사·축제경비가 5년 만에 배 이상인 8,155억 원으로 급증했다. 더구나 국회예산정책처 분석 결과 총수입에서 총지출을 뺀 통합재정수지가[12] 2008년도 결산 기준 적자 상태인 인천시, 충청북도, 경남 진해시(현 창원시 진해구) 등 재정사정이 열악한 자치단체들이 행사·축제경비를 매년 늘려 온 것으로 나타나 재정에 대한 지방정치인과 공무원들의 경각심이 너무 부족하다는 지적을 받았다. 호화 청사든 지역축제든 단편적인 한두 가지 사례만 보고 전체 지방재정 운용이 엉망이라고 판단하는 것은 경솔한 일이지만, 사회적 비판이 집중된 대표적인 문제에서조차 변화의 움직임을 감지할 수 없다면, 반성과 혁신의 노력이 부족하다고 볼 수밖에 없는 일이다.

일본에서는 유바리 시의 파산 사태를 계기로 기존 '지방재정재건촉진특별법(재정재건법)'의 한계를 절감하고, '지방공공단체의 재정 건전화에 관한 법률(재정건전화법)'을 제정하여 지방재정 위기관리제도를 새로이 정립했다. 재정 건전화 기준을 명확히 마련하여 위기 요인을 사전에 점검하고 자동으로 대응하기 위한 체제다. 이 법률은 일반회계뿐 아니라 특별회계와 산하기관 및 제3섹터까지 포함한 재정분석을 시행하고 감사위원 및 지방의회의 책임을 강화하며, 재정정보 공시를 의무화하는 것 등을 주요 골자로 하고 있다. 아울러 재정 건전성을 점검하는 지표 기준을 명확히 하고, 기준에 미달하는 자치단체는 조기건전화 또는 재정재생단체로 지정하여 의무적으로 재정 건전화 계획을 시행하도록 했다. 지방자치단체 스스로의 노력도 전에 없이 강력하게 추진하고 있다. 일본의 광역자치단체 중 재정 사정이 가장 나쁜 오사카 부[大阪府]의 경우 2006년 현재 누적된 부채가 5조 엔에 달하고, 원리금 상환을 위해 매일 8억 엔 이상을 지출하는 형편이다. 이에 2008년 새로 선출된 오사카 부지사는 추진하고 있는 사업을 전면 재검토하고 공공시설들의 민영화 추진과 공무원 급여 삭감, 접대비 폐지 등의 강력한 재정 건전화 조처를 하고 있다.[13]

하지만 우리 정부 및 정치권은 이를 남의 일로만 여기고 여전히 느긋한 태도를 보이고 있었다. 관련 연구나 논의는 매우 활발했지만, 실제 정책이나 행태의 변화로 이어지지는 않았다. 결국 최근 몇 년 사이 전례 없는 사건이 연이어 발생하면서 사회적 위기감이 고조되고 나서야 이런저런 대책을 내놓고 있다. 그중 하나가 앞서 일본의 사례 등을 참조해 만든 '지방재정위기 사전경보 시스템'이다. 2012년부터 본격 시행될 이 제도는 기존 지방재정분석·진단제도와 달리 재정위기 가능성을 미리 점검한 결과 위험성이 높다고 판단되면 '재정위기단체'로 지정하여 지방채 발행 및 신규사업 제한 등 강제적인 재정 건전성 회복조치를 취할 수 있도록 하는 것이다.

이에 따라 중앙정부가 제시하는 재정위기단체 지정기준(예산 대비 채무비율 40%)에 근접한 인천광역시, 태백시, 시흥시 등 10여 개 자치단체는 재정위기단체 지정을 모면하기 위한 긴급대책을 수립하고 있다고 한다.[14] 자치단체들의 이런 반응이 당연한 일이긴 하지만, 이대로라면 '오늘 아니면 내일' '여기 아니면 저기' 식으로 어느 지역이든 '파산' 자치단체가 될 수 있는 불안한 상황은 계속될 듯하다.

관점	재정지표	주의기준	심각기준
재정수지	통합재정수지 적자비율	25% 초과	30% 초과
채무관리	예산 대비 채무비율	25% 초과	40% 초과
	채무상환비비율	12% 초과	17% 초과
세입관리	지방세 징수액 현황	50% 미만	0% 미만
자금관리	금고잔액 현황	20% 미만	10% 미만
공기업	공기업 부채비율	순자산 4배 초과	순자산 6배 초과
	개별 공기업 부채비율	순자산 4배 초과	순자산 6배 초과

재정위기단체 지정기준
(자료: 행정안전부, 「지방재정위기 사전경보 시스템 기본계획안」, 2011)

지방예산, 어떻게 파악할까

예산이란 무엇인가

앞에서 위기로 치닫고 있는 지방정부의 재정난 실태를 간략하게 살펴보았다. 이제 좀 더 근본적인 원인을 알아보자. 지방재정이 이렇게 어렵게 된 이유를 정치인과 공무원의 부도덕과 무능력 탓으로만 돌리는 것은 속은 시원할지 몰라도 제대로 실상을 파악하는 길은 아니다. 우리 지방재정에는 보다 뿌리 깊은 구조적 문제점이 있다. 이것을 제대로 파악하고 해결하지 않는다면 훌륭한 정치인과 공무원이 있다 해도 개인이나 소수 역량만으로 지방재정의 획기적 변화를 가져오기는 어려울 것이다. 그런데 지방재정의 구조적 문제점을 살펴보기 전에 약간의 공부가 필요하다. 앞으로 할 이야기 중에는 예산에 대한 기본적인 개념과 지방재정의 구조에 대한 이해 없이는 소화하기 어려운 내용이 많이 포함되어 있기 때문이다.

우선 예산의 정의부터 살펴보자. 예산의 사전적 의미는 '필요한 비용을 미리 헤아려 계산함. 또는 그 비용'이다. 한국은 한 해(1월 1일부터 12월 31일까지)[15]를 회계연도로 정하고 있으므로, 정부예산을 '1년 동안 정부의 수입과 지출계획'이라고 간단히 정의할 수 있다. 좀 더 자세히 설명하면, "예산이란 숫자로 표현한 정부의 정책이다. 즉 일정 기간 국가가 어떠한 정책이나 목적을 위해 얼마만큼 지출하고, 이를 위한 재원을 어떻게 해서 조달할 것인가를 금액으로 표시한 것이다."[16] 따라서 정부는 정책목표 실현을 위해 무엇을 얼마만큼 할 것인가를 결정하는 것이 우선이고, 필요한 재원의 조달방안을 마련하는 것은 그다음 문제가 된다.

이처럼 정부예산에서는 가계나 기업 등 민간의 살림살이와 달리 버는 대로 쓰는 게 아니라 쓸 만큼 버는 것이 기본적 운용방식이다. 이것을 양출제입(量出制入) 방식이라 한다. 세출 규모를 먼저 정하고, 이에 따라 세입을 결정한다는 뜻이다. 정부예산이 흑자도 적자도 아닌 '균형재정'을 원칙으로 하는 것도 이러한 특성 때문이다. 정부가 흑자재정을 추구한다면, 국민에게 강제적으로 부여하는 부담이 과중해지므로 올바르지 않다는 것이다.

그런데 한국에서는 이것이 중앙정부에만 해당되는 이야기일

수 있다. 한국은 강력한 조세법률주의를 채택하고 있어 지방정부는 세수 규모를 조절할 수 있는 권한이 거의 없기 때문이다. 이는 '조세의 종목과 세율은 국회가 제정하는 법률에 의해서만 만들거나 바꿀 수 있다.'라는 원칙으로서, 지방정부에는 일부 지방세에서 법률이 허용하는 범위 내의 약간의 세율 조정(탄력세율제도) 외에는 관련 권한을 주지 않고 있다. 따라서 지방정부는 어쩔 수 없이 예상되는 세입규모에 맞춰 세출을 조절해야 한다. 이를 양출제입의 반대 개념으로 양입제출(量入制出)이라 한다. 이처럼 한국에서 중앙정부는 양출제입, 지방정부는 양입제출 방식을 기본으로 하여 예산을 편성·운용하고 있다.

그럼 지방정부는 돈이 모자랄 때 어떻게 하는가? 일시적이거나 소액의 부족분이라면 예산을 전용하거나 사업을 잠시 미뤄두는 식으로 대처할 수 있겠지만, 거액의 예산 부족에는 스스로 대응할 방법이 별로 없다. 물론 권한이 적은 대신 중앙정부가 지방정부의 기본적인 재정 부족분을 상시로 보충해 주는 제도를 채택하고 있다. 나중에 설명할 지방교부세 등이 그러한 제도이다. 하지만 최근처럼 국가재정도 어려운 상황에 부닥쳤을 때 또는 국가가 정책적으로 감세조치를 취할 때는 국가로부터의 지원도 줄어들기 때문에 지방정부는 빚을 내는 등 긴급대책으로 급한 불을 꺼 가며 상황이 좋아질 때까지 허리띠를 졸라매는 수밖에 없다. 지금의 지방재정난이 왜 발생했고, 어째서 해결될 기미가 보이지 않는지 짐작할 수 있는 대목이다.

누가, 어떻게 예산을 결정하는가

이어서 예산의 기본구조를 잠깐 살펴보자. 예산에서 수입은 세입(歲入), 지출은 세출(歲出)이라 한다. 수입계획은 세입예산이 되고, 지출계획은 세출예산이 된다. 세입예산에는 한 해 동안 어떤 수입을 얼마나 조달할 계획인지가 적혀 있고, 세출예산에는 그렇게 마련하는 돈으로 한 해 동안 어떤 사업을 할지가 적혀 있다. 세입의 '세'가 세금을 뜻하는 세(稅)가 아니라 한 해를 뜻하는 세(歲)인 데서 알 수 있듯이 세입은 조세수입을 의미하는 것이 아니라 회계연도 내 정부의 일체 수입을 총칭하는 것이다. 마찬가지로 세출도 일체의 지출을 총칭하는 개념이다.

세입·세출과 더불어 예산은 일반회계와 특별회계로 구분되고, 이런 구분이 종횡으로 연결되어 예산의 구조를 이루게 된다. 일반회계는 정부의 기본적·일반적 활동을 위한 예산이고, 특별회계는 특정한 목적사업을 위한 예산이다. 좁은 의미의 예산은 일반회계만을 말하지만, 넓은 의미의 예산에는 특별회계까지 포함된다. 실제 정부에서도 예산이라 할 때 특별회계를 포함해 말하는 경우가 많다. 특별회계란 특정한 수입이나 일반회계로부터의 전입금으로 재원을 조달해 특정 사업에만 사용할 목적으로 만드는 것이다. 일반회계와 특별회계 사이에서는 예산이 서로 오고 갈(전입·전출) 수도 있다.

또한 정부는 예산 외에 기금을 만들어 운용한다. 기금도 특별회계와 비슷하게 예산으로부터의 출자금 및 준조세 성격의 부담금 등을 재원으로 하여 조성되고, 특정 목적사업을 수행하는 데 사용된다. 기금이 예산과 근본적으로 다른 점은 자금을 적립한다는 것이다. 예산은 수입을 회계연도 내에 전부 지출하는 것을 원칙으로 하지만, 기금은 적립된 자금을 운용해 수익을 얻을 수 있다. 지방정부가 특별회계나 기금을 설치하고자 할 때는 반드시 법률에 의하거나 근거조례를 제정해야 한다.

이에 관한 우리 지방재정의 가장 특징은 광역자치단체 단위로 별도 설치된 시·도 교육청이 있어 교육비특별회계를 일반 자치단체와 별개로 편성·집행한다는 것이다. 교육청의 수장인 교육감과 광역의회 교육위원회의 교육의원은 일반 자치단체장 및 지방의원과 별도로 주민에 의해 선출된다.

예산과정도 대략이나마 알아 둘 필요가 있다. 예산과정은 크게 편성, 심의, 집행, 결산의 4단계로 구분할 수 있다. 편성과 집행은 행정부 소관이고, 심의와 결산은 의회의 권한이다. 순서대로 보면 우선 행정부가 다음 연도 예산안을 작성한다. 이때 행정부 내에서도 부서별 예산요구를 받아 예산 담당 부서가 조정하는 과정을 거친다. 행정부의 예산안이 확정되면 의회의 심의를 받게 된다. 예산안이 의회의 심의를 거쳐 의결되면 그때 비로소 '예산안'이 아닌 '예산'이 된다. 정부의 다음 해 재정계획이 정해진 것이다. 이에 따라 행정부는 다음 해 회계연도 동안 집행을 한다. 예산집행은 회계연도가 끝나면 종료되고, 이듬해 세부적인 결산검사 과정을 거쳐 의회의 결산승인을 받아야 한다.

그런데 우리 지방재정의 여건상 예산안을 편성하는 집행부로서 가장 중요한 것은 실상 의회의 심의보다 중앙정부의 지침과 정책이라고 볼 수 있다. 제도 자체가 중앙정부의 예산편성 운영기준 등을 준수하게 되어 있을 뿐 아니라, 지방정부의 국가에 대한 재정의존도가 매우 높기 때문이다. 더구나 우리 지방의회의 여건과 역량이 그리 좋지 못하다 보니 실상 예산의 대부분은 집행부에서 편성한 내용 그대로 통과되고 있다. 예산 심의는 물론 집행과정에 대한 의회의 감독권, 즉 행정사무감사와 조사 등의 권한을 활용한 견제 기능도 활발하게 작동하지 못하고 있다. 결산심사도 형식적인 경우가 대부분이다. 이렇다 보니 지방자치단체에서는 예산을 실질적으로 결정하는 권한이 집행부 수장인 자치단체장에게 너무 집중되어 있고, 중앙정부의 손길이 모든 지역에 상시로 미치는 것도 불가능하므로 단체장이 거의 무소불위의 권력을 휘두른다는 비판을 받아 왔다.

더구나 지방의회는 제도적·현실적으로 예산심의권에 많은 제약을 받고 있다. 우선 지방의회는 법적으로 예산을 삭감할 권한만 가지고 있고, 증액할 권한은 없다. 현행 지방자치법(제127조)은 지방의회가 자치단체장의 동의 없이 지출예산안의 항목을 신설하거나 증액할 수 없도록 못 박고 있다. 그리고 현실적으로 국가의 보조금 등 재정지원에 의존해서 진행되는 사업이 많다 보니 문제점이 발견된다 할지라도 예산을 삭감하기 어렵다. 국고지원을 막았다는 비판을 받게 될 우려가 크기 때문이다. 또한 지방의원은 공식적으로 개별 보좌인력을 둘 수 없고, 인사권도 자치단체장에게 있다 보니 전문적 조력을 제공할 수 있는 보좌인력을 의회 차원에서 채용하는 것도 힘들다. 결국, 현재 지방의원들은 전문적 인력의 도움을 받거나 업무를 보좌할 사람 없이 의원 개인의 역량만으로 예산심의에 임하는 경우가 대부분이다. 국회입법조사처가 제8대 광역의회(2006년 7월~2010년 3월)의 예·결산 처리결과를 분석한 결과, 집행부가 제출한 원안 그대로 통과시킨 경우가 절반(49%)이나 되는 것으로 나타났다. 아울러 예산심의에서 예산을 삭감했다 해도 금액이 적고, 그나마 삭감된 예산을 예비비로 넣어 주는 경우가 많아 결과적으로 삭감예산을 집행부의 재량에 다시 맡기는 상황이라고 지적하고 있다.[17]

그나마 최근 지방재정법이 개정되어 주민참여예산제 시행이 의무화(2011년 9월 시행)되고, 여러 지방자치단체가 참여예산을 적극적으로 시행하려는 의지를 보이는 점은 다행스러운 일이다. 주민참여예산은 자치단체 집행부의 예산편성 과정에 주민이 공식적으로 참여하여 예산사업을 제안하고, 예산안 확정 전에 의견을 반영할 수 있도록 하는 제도이다. 이 제도가 활성화되면 취약한 지방의회의 예산심의 기능을 보완하는 것은 물론, 지방자치의 직접민주주의를 강화함으로써 지방정치인의 책임성과 함께 주민 역량도 강화하는 효과를 거둘 수 있을 것으로 기대된다.

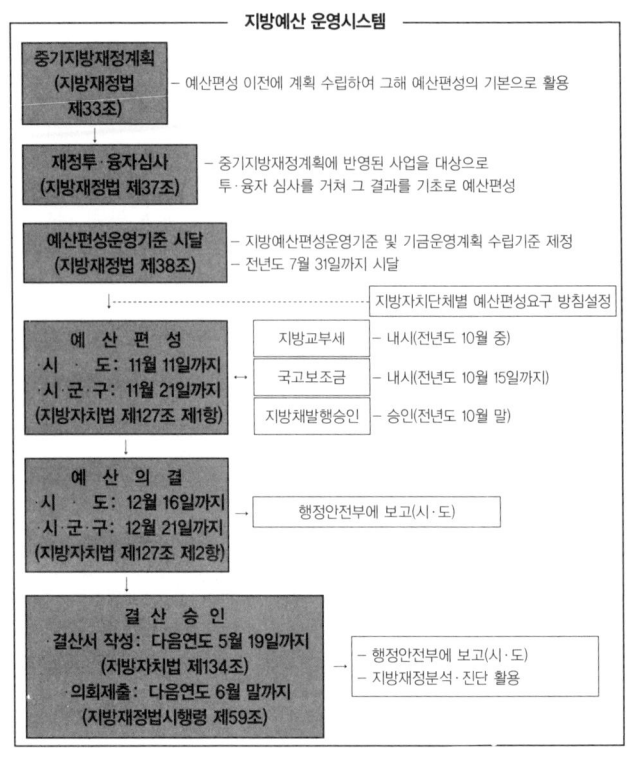

재정자립도 52%의 의미

지방정부 세입은 재원의 성격에 따라 크게 두 가지 방식으로 분류할 수 있다. 첫 번째, 지방정부 스스로 벌어들인 것인지 아닌지에 따라 자체수입(자주재원)과 의존수입(의존재원)으로 나눌 수 있다. 자체수입은 해당 지방정부 소관의 조세수입(지방세수입)과 세외수입이고, 의존수입은 국가나 상급자치단체에서 내려오는 지방교부세, 조정교부금과 재정보전금, 국고보조금 및 시·도비보조금 등이다. 두 번째, 사용처가 지정된 재원인지 아닌지에 따라 일반재원과 특정재원(지정재원)으로 구분할 수 있다. 일반재원은 사용처가 특정되어 있지 않아 지방정부가 자율적으로 운용할 수 있는 재원으로서 자체수입인 지방세수입과 세외수입, 그리고 의존수입 중에서 지방교부세, 조정교부금과 재정보전금 등이 이에 해당한다. 특정재원은 국가나 상급자치단체가 재정지원 시 사용처를 지정하고 있어 지방정부가 이에 따라 예산을 집행해야 하는 재원으로서 의존수입 중 국고보조금 및 시·도비보조금 등을 말한다.

구 분		특별·광역시	도	자치구	시·군
자체수입		지방세			
		세외수입			
의존수입	중앙→지방	지방교부세(자치구 예외)			
		국고보조금			
	광역→기초	–	–	조정교부금 및 재정보전금	
		–	–	시·도비보조금	
		–	–		징수교부금
채무		지방채			

지방자치단체 수입구조

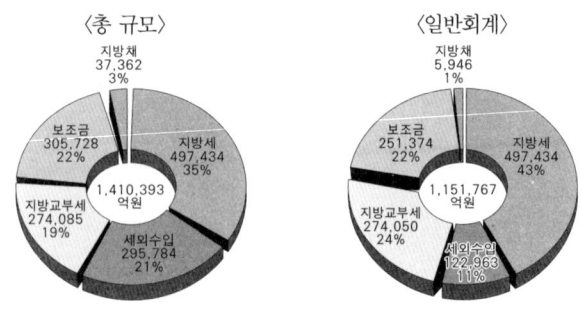

지방예산 세입재원별 구성(2011년 당초예산)
(자료: 행정안전부, 『2011년도 지방자치단체 예산개요』, 2011.)

우선 자체수입부터 살펴보자. 지방 세입예산의 근간은 당연히 지방세수입이다. 전국 지방자치단체가 거두는 지방세수 규모는 2011년도 당초예산 기준 49조 7,434억 원이다. 같은 기준으로 지방예산 총 규모(일반회계와 특별회계)가 141조 393억 원이므로, 지방세수가 전체 지방예산에서 차지하는 비중은 35%이다. 지방재정에서 세입예산의 근간인 조세수입이 이렇게 적은 것은 한국의 조세제도가 국세 위주로 설계되어 있어 전체 조세수입의 80%가 국세수입이고, 지방세수입은 20%(2011년 기준 국세:지방세=79:21)에 불과하기 때문이다. 지방재정의 국가에 대한 의존도가 높은 근본적 이유다.

아울러 지방세 중에서도 자치단체 유형에 따라 거두는 세목이 다르고, 지역여건도 다르므로 자치단체 간 과세권한 및 세수 규모 차이도 상당히 크다. 과세권한에 관해서는 도와 시·군 간에서는 양측이 거두는 지방 세목 숫자가 비슷하지만, 특별·

광역시와 자치구 간에서는 대부분의 지방세를 특별·광역시가 걷는다는 차이점이 있다. 자치구가 거두는 세금은 등록면허세와 재산세 정도다. 게다가 자치구는 국가의 기본적 지방재정지원금인 지방교부세도 직접 받지 못하게 되어 있다. 따라서 도의 시·군에 비해 자치구는 특별·광역시에 대한 재정 의존성이 더 강할 수밖에 없다.

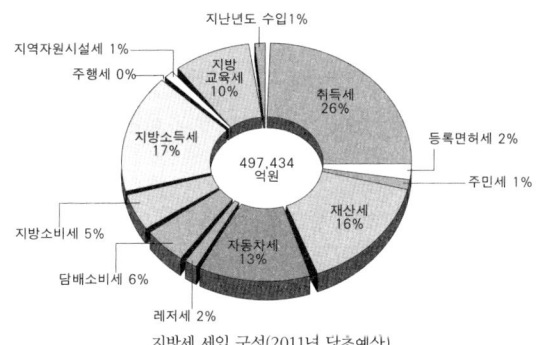

지방세 세입 구성(2011년 당초예산)
(자료: 행정안전부, 『2011년도 지방자치단체 예산개요』, 2011.)

세수 규모 면에서 보면 특별·광역시와 자치구 등 대도시 지역에서는 전체 예산 중 지방세수입이 차지하는 비중이 높은 편이지만, 농어촌 지역인 도와 시·군에서는 비중이 훨씬 낮다. 2011년 기준으로 대도시 지역은 특별시 81%, 광역시 48%, 자치구 22%의 비율을 보이지만, 농어촌 지역은 도 33%, 특별자치도 22%, 시 27%에 불과하고, 군은 고작 9%에 그치고 있다. 대도시 지역이 세수가 많은 것은 인구가 많고 각종 경제·산업

시설이 밀집해 있는 만큼 당연한 일이지만, 지방세가 주로 부동산 관련 세목으로 이루어져 있기 때문에 더욱 편차가 심해지는 것이다. 2011년 당초예산 기준으로 지방세수 중 최대 세입은 취득세(26%, 12조 9,201억 원)이고, 최소 세입은 주민세(0.6%, 2,973억 원)이다. 부동산 가액이 높고 거래가 활발한 대도시에 세수가 집중될 수밖에 없는 구조다.

자체수입 중 지방세수입 이외의 수입은 세외수입(稅外收入)으로 총칭한다. 세외수입은 다시 경상적 세외수입과 임시적 세외수입으로 나뉜다. 경상적 세외수입은 계속적·안정적으로 들어오는 수입으로서 민원사무 처리 등으로 말미암은 각종 수수료나 공공시설 사용료, 과태료, 이자수입 등이다. 임시적 세외수입은 정부재정 내부의 단순한 재원이전이나 일시적으로 발생한 수입으로 재산매각수입, 잉여금, 전입금 등이다. 세외수입이 전체 지방예산에서 차지하는 비중은 2011년 당초예산 기준 29조 5,784억 원으로 21%이다. 경상적 세외수입이 11조 8,917억 원으로 40.2%, 임시적 세외수입이 17조 6,867억 원으로 59.8%를 차지하고 있다. 임시적 수입이 60%로 우위에 있어 다소 안정성이 부족하다고 볼 수 있다. 지방자치단체 유형별로 전체 세입에서 차지하는 비율을 보면, 시(11%)와 자치구(15%)를 제외하고는 전부 10% 미만이다. 하지만 자체수입이 적은 지방정부 입장에서는 실질적인 면에서 상당히 중요한 재원이다. 특히 자치구에서는 지방세수입(세입 중 22%)과 비견할 정도로 자체수입에서 큰 몫을 차지하고 있다.

여기서 연관된 예산지표를 하나 알아보자. 언론 등에서 지방재정의 어려움을 거론할 때 가장 자주 근거로 제시하는 지표가 '재정자립도'다. 재정자립도는 자체수입(지방세수입과 세외수입)이 예산에서 차지하는 비율을 지표화한 것이다. 이때의 예산규모는 일반회계만을 지칭한다. 2011년 전국 자치단체의 재정자립도 평균은 51.9%다. 즉 쓰는 돈의 절반만 스스로 벌고, 나머지는 국가나 상급자치단체에 의존하고 있는 것이다. 게다가 재정자립도는 지속적으로 하락하고 있다. 민선 지방자치 초기인 1995년에는 63.5%였던 것이 1999년 50%대로 떨어진 이후 계속 하락을 거듭해 2011년 51.9%까지 떨어졌다. 더구나 자치단체 간 편차가 매우 심해 1위인 서울시는 재정자립도가 88.8%나 되지만, 꼴찌인 전남 신안군은 7.6%에 불과하다. 전체 조세 중에서 지방세가 차지하는 비중이 적은 데다 지방세가 주로 부동산 관련 세목으로 이루어진 만큼 대도시 지역과 농어촌 지역 간의 극심한 재정자립도 편차는 당연한 결과라고 할 수 있다.

구분	특별시	광역시	시 도	시	군	자치구
평균	88.8	53.8	33.5	38.0	17.0	36.6
최고	88.8 서울 본청	65.8 인천 본청	60.1 경기 본청	69.4 경기 용인시	47.5 울산 울주군	82.8 서울 강남구
최저	–	42 광주 본청	13.5 전남 본청	9.6 전북 남원시	7.6 전남 신안군	14 부산 영도구

전국 재정자립도 현황(2011년 당초예산)
[자료: 행정안전부 재정고(http://lofin.mopas.go.kr)]

'교부'와 '보조'의 차이

 이제 의존수입에 대해 알아보자. 지방예산 세입구조가 지금처럼 이해하기 어려워진 것은 국가나 광역자치단체에서 내려오는 의존수입의 체계가 복잡하기 때문이다. 하지만 두 가지 분류만 명확히 하고, 각 유형에 속하는 것들을 묶어서 보면 어렵지 않게 이해할 수 있다. 앞서 일반재원과 특정(지정)재원을 구분하면서 의존수입 중에는 일반재원에 속하는 것도 있고 특정재원에 속하는 것도 있다고 설명했다. 그리고 국가에서 내려오는 것이 있고, 광역자치단체에서 내려오는 것이 있다고 했다. 이 두 가지 분류만 명확히 하면 된다. 게다가 일반재원과 특정재원은 이름만 보고도 쉽게 구분할 수 있다. 이름에 '교부'가 들어간 것(재정보전금 예외)은 일반재원이고, '보조'가 들어간 것은 특정재원이다.[18]

 먼저 의존수입 중 일반재원부터 살펴보자. 이 유형의 대표는 지방교부세다. 지방교부세는 법률에 따라 내국세[19]의 일정비율(19.24%)을 떼어내 지방자치단체들에 배분해 주는 제도다. 이 제도의 목적은 지방정부 간의 격차를 완화해 국민이 어느 지역에 사는가에 관계없이 최소한의 행정서비스를 받을 수 있도록 하는 것이다. 즉 그 지방정부가 기본적인 행정수요 대응에 필요한 예산규모(기준재정수요액)에 비해 안정적인 자체수입(기준재정수입액)이 얼마나 적은가에 따라 배분액을 결정한다.

구분	명칭	근거법령	재원구성	용도	비고
국가 ↓ 지자체	지방 교부세	지방 교부 세법	내국세 19.24% *부동산 교부세 별도운영 (종부세)	일반재원	분권 교부세 한시운영 (~2014)
	국고 보조금	보조금 관리법	국가예산으로 계상	특정재원	
국가 ↓ 교육청	지방교육 재정 교부금	지방교육 재정 교부금법	교육세 총액 + 내국세 20.27%	일반재원	교육부 소관
광역 ↓ 기초	조정 교부금	지방 자치법	취득세 중 조례로 정하는 비율	일반재원	특별·광역시 자치구 해당
	재정 보전금	지방 재정법	광역시세·도세 중 일정비율	일반재원	광역시·도의 시·군 해당
	시·도비 보조금	지방 재정법	광역단체 예산으로 계상	특정재원	

지방재정조정제도 개요

그래서 반대로 자체수입이 많은 몇몇 지방정부에는 아예 지방교부세를 주지 않기도 한다. 그런 지방자치단체를 '불교부 단체'라고 한다. 대표적인 곳이 서울특별시다. 불교부 단체는 매년 바뀌는데, 2011년 광역자치단체로는 서울시, 기초자치단체로는 수원, 성남, 고양, 과천, 용인, 화성 등 총 7곳이 불교부 단체로 지정되었다. 그 밖에 같은 범주에 속하지만, 재원(종합부동산세 전액)을 달리하는 부동산교부세(2011년 1조 681억 원)가 있다. 부동산교부세를 포함한 2011년 지방교부세 총액은 30조 1,904억 원이다.

지방교육재정교부금은 지방교부세와 성격이 유사한데, 일반 지방자치단체가 아니라 시·도 교육청에 배분되는 것이다. 교육재정교부금은 교육세 총액 및 내국세의 20.27%를 재원으로 한다. 2011년도 교부금액은 35조 2,831억 원이다. 마찬가지로 성격은 지방교부세와 비슷하지만, 국가가 아니라 광역자치단체가 기초자치단체에 배분해 주는 지원금으로 조정교부금 및 재정보전금이 있다. 지방교부세와 마찬가지로 기초자치단체 간 재정 격차를 완화할 목적으로 지원하는 것이기 때문에 사용처를 특정하지 않고 기초자치단체의 재량권에 맡기는 일반재원으로 분류된다. 2011년 당초예산 기준 조정교부금과 재정보전금 총 규모는 5조 9,646억 원이다.

다만, 조정교부금은 특별·광역시의 자치구에만 해당하는 제도다. 그 이유는 자치구는 지방교부세 중 대부분을 차지하는 보통교부세 교부대상에서 제외되어 있기 때문이다. 특별·광역시의 경우 재정여건이 상대적으로 양호하고, 행정의 일체성이 강하다고 보기 때문에 지방교부세를 자치구 단위로 배분하지 않고 광역시(서울시는 불교부 단체) 단위로 배분한다. 대신 특별·광역시는 시세인 취득세수입 중 자체 조례로 정한 비율만큼의 재원을 자치구에 조정교부금으로 배분하는 것이다.

그런데 배분할 비율을 광역자치단체의 조례로 정하도록 하다 보니 지역별로 비율이 다르다. 비율이 가장 높은 광주광역시가 70%인데 비해 가장 낮은 인천시는 40%밖에 안 된다. 다른 지역에 비해 비율이 낮은 지역의 자치구들은 불만을 느낄 수밖에 없다. 더구나 최근 지방재정이 전반적으로 어려워지면서 광역시와 광역의회에서는 배분비율을 하향 조정하려는 움직임이 계속되고 있다. 2010년 10월 대전에서 광역시의회가 자치구 재원조정 조례 개정안을 통과(68%→56%)시키자 자치구 의원들이 격렬히 항의하는 사건이 일어나기도 했다.[20] 같은 해

11월에는 인천시가 역시 자치구들의 강한 반발을 무릅쓰고 배분비율을 50%에서 40%로 하향 조정하는 조례 개정을 단행했다. 비율이 가장 높은 광주광역시도 현행 70%를 60%로 낮추는 조례 개정을 추진하고 있다고 한다.[21] 지방재정이 어려워지면서 지방정부들의 국가에 대한 재정지원 확대 요구가 거세지는 것은 물론, 지방정부 상호 간에도 재원배분을 둘러싼 다툼이 본격적으로 발생하기 시작한 것이다.

다음으로 의존수입 중 특정재원인 국고보조금과 시·도비보조금을 살펴보자. 보조금은 국고든 시·도비든 성격과 집행방식이 같으므로 따로 구분해서 설명할 필요가 없다. 국고보조금에 따라서 시·도비보조금을 이해하면 된다. 국고보조금은 국가가 정책적 필요에 따라 지방자치단체의 사업을 지원하거나 자치단체에 위임한 사무를 수행하게 하면서 특정사업의 사업비 일부 또는 전부를 지방정부에 보조하는 재원이다. 국고보조금은 지방정부 임의대로 다른 용도로 사용할 수 없고, 잔액도 국고에 반납하는 것을 원칙으로 한다.

국고보조금은 지방예산 중 20% 이상(2011년 22%)을 차지하는 중요한 재원이다. 하지만 지방정부가 자율적으로 운용하기 어려우므로 지방정부 입장에서는 일반재원보다 중요성이 떨어진다고 볼 수도 있다. 특히 국고보조금을 줄 때 대응지방비('매칭' 사업비)를 편성할 것을 조건으로 하여 지방정부에 부담을 지우는 경우가 많아 부작용에 관한 논란이 계속되고 있다. 지방정부가 하고자 하는 사업을 보조하는 경우 대응사업비를 요구하는 것은 합리적이라고 볼 수 있으나, 지방정부가 원하든 말든 수행해야 하는 법정 의무사업이나 국가 시책에 의한 사업인 경우에도 대응비용을 책정하는 것은 국가의 재정부담을 줄이기 위해 지방정부에 부담을 전가하는 측면이 있기 때문이다. 또한, 국고보조사업에서는 지방의회가 사실상 예산심의권을 제대로 행사할 수 없다는 것도 문제로 지적된다. 사업 타당성이 떨어지거나 예산규모가 과다하다고 판단하더라도 국가가 정한 대응지방비 비율 때문에 삭감하지 못하는 것이다.

이상 지방예산의 의존수입을 대강 살펴보았다. 세부적인 부분은 생략했는데도 상당히 복잡하다. 하지만 이러한 의존수입이 지방재정에서 상당히 큰 부분을 차지하는 것이 현실이기 때문에 그냥 넘어갈 순 없다. 더욱 중요한 점은 이런 제도가 현재의 지방재정난의 원인 중 하나이기도 하면서, 역으로 해결방안의 토대가 될 수 있다는 것이다. 자세한 내용은 뒤에서 지방재정난의 원인과 대책을 이야기할 때 다룰 것이다.

지방예산, 어떻게 쓰고 있나

세출은 곧 예산집행을 의미한다. 따라서 세출예산을 살펴보면 정부가 실제로 어떻게 움직이고 있는지, 그리고 어떤 일을 중요하게 생각하고 추진하고 있는지 등을 알 수 있다. 우선 이 글 맨 앞에서 설명한 내용을 상기해보자. 우리나라 244개 지방자치단체와 16개 시·도 교육청이 한 해 편성하는 예산규모는

2011년 기준 약 185조 원(자치단체 141조 원과 교육청 44조 원)이다. 실제 집행하는 재정사용액도 184조 원 정도로 엇비슷하다. 이렇게 집행하는 예산의 분야별 비중도 함께 설명했다. 교육, 사회복지, 기타(주로 인건비), 수송 및 교통, 환경보호, 일반공공행정, 국토 및 지역개발 순으로 많은 예산을 쓰고 있다.

또 하나 중요한 지방정부 세출예산의 분류기준이 있다. 세출예산을 정책사업, 행정운영경비, 재무활동으로 나누어 비중을 살펴보는 것이다. 정책사업은 다시 자체사업과 보조사업으로 나눈다. 이렇게 분류하는 이유는 지방정부가 쓰는 예산 중 사업비는 얼마이고, 운영비는 얼마인지, 그리고 사업 중 자율적으로 추진하는 사업과 국가 및 상급자치단체의 보조를 받는 사업의 비중이 어떠한지 등을 알아보기 위해서다. 평균적으로 지방정부는 전체 예산 중 80%를 사업비로 쓰고 있으며, 사업비 중 자체사업과 보조사업이 절반씩 차지한다.

구분	의미	금액(원)	비율(%)
정책사업	제반 사업 추진비	112조 4,704억	79.7
자체사업	정책사업 자율추진사업비	56조 9,702억	40.4
보조사업	정책사업 중 보조사업비	55조 5,003억	39.4
행정운영경비	인력 및 관서운영 등 기본경비	19조 8,480억	14.1
재무활동	내부거래 및 보전지출	8조 7,209억	6.2
합계		141조 393억	100.0

지방예산 세출구조별 내역

또한 이러한 평균비율과 자기 지역의 비율을 비교해 봄으로써, 자기 지역의 재정사정이 평균보다 높은지 낮은지 등을 판단하는 기준 중 하나로 활용할 수 있다. 실제 항목별 전국 자치단체의 분포현황을 살펴보면 한눈에 드러나는 특징을 확인할 수 있다. 우선 행정운영경비 비율 분포현황을 보면 자치구가 다른 자치단체에 비해 유달리 높은 비율을 나타내고 있다. 전국 평균이 14.1%이므로 대부분 자치단체(192개, 78.7%)가 20% 미만이고 20% 이상인 자치단체는 52개에 불과한데, 이 52개 자치단체가 전부 자치구이다. 이렇게 유독 운영비 비중이 높으니 당연히 정책사업 비율에서는 역으로 유독 낮은 비율을 나타낼 수밖에 없다. 전국 자치단체 중 20곳(8.2%)에 불과한 정책사업 비율 70% 미만 자치단체 전부가 자치구이고, 전체 자치구 69곳 중 평균치 이하(80% 미만)가 58곳에 이른다. 이를 통해 현재 자치구의 경직성 경상비 비중이 너무 높아, 실제 사업 추진에 필요한 예산편성이 어려운 것을 알 수 있다.

또한 자치구는 자체사업 비중 면에서도 유달리 낮은 비율을 보인다. 자체사업 비중 20% 미만 자치단체가 총 40곳인데, 그 중 6곳이 군이고 나머지는 전부 자치구이다. 정책사업 비중 자체가 낮으니 당연한 결과이긴 하지만, 이를 통해 정책사업 비중이 낮은 것이 보조사업이 적어서가 아니라 자체사업이 적어서임을 확인할 수 있다. 보조사업 비율에서는 자치구가 다른 자치단체에 비해 특별히 비중이 낮은 편이 아니다. 종합하면, 현재 자치구는 경상비 비중이 너무 높고 정책사업은 주로 보조사업으로 채우고 있어 재정의 자율성 및 유연성이 매우 낮은 상황이라는 결론에 이르게 된다.

더구나 자치구는 사회복지 예산 비중도 유달리 높다. 사회복지 비중이 40% 이상인 자치단체 41곳도 전부 자치구다. 특히 사회복지 분야에서는 법정 의무지출이 많아 무조건 예산을 편성·집행해야 하므로 사회복지 비중이 높으면 예산의 경직성이 높아지게 된다. 이처럼 자치구는 다른 자치단체보다 재정구조가 열악하므로 현재 재정난 탓에 느끼는 고통이 훨씬 더 심각하다고 볼 수 있다.

예산서 보기, 어렵지 않다

지방재정을 알기 위한 기본 지식의 마지막 순서로 '예산서 보는 법'을 배워 보자. 우리 스스로 자기 지역의 재정현황을 개괄적이나마 살펴보려면, 최소한 상시로 공개된 재정정보가 무엇이고 어떻게 활용할 수 있는지 정도는 알아야 하기 때문이다.

지금까지 알아본 대로 예산은 우선 세입예산과 세출예산으로 구분된다. 세입예산서를 보면 정부가 올해 어떤 수입을 누구한테 얼마나 거둘 계획인지 알 수 있다. 세출예산서를 보면 우리가 흔히 '예산'이라고 할 때 떠올리는 내용, 즉 어떤 사업에 예산을 얼마 책정해서 어떻게 쓸 계획인지를 알 수 있다. 따라서 국민의 관심도 주로 세출예산에 집중되기 마련인데, 세입예산서와 달리 세출예산서는 수많은 사업 내용 및 산정근거 등이 적혀 있어 처음에는 뭐가 뭔지 해석하기 어려운 것이 사실이다. 하지만 몇몇 중요한 용어와 기본적 구조 정도만 알아두면 쉽게 이해할 수 있다. 우선 자신이 사는 시·군·구청 홈페이지에 들어가 공개된 예산서를 열어보자. 예산서 공개는 지방자치단체의 법적 의무이기 때문에 자치단체 홈페이지마다 명칭은 조금 다르더라도 예산서 공개 코너는 반드시 있다.

◎ **세입세출예산서**
 Ⅰ. 예산총칙
 Ⅱ. 예산규모
  1. 회계별 예산규모
  2. 세입총괄표
  3. 세출총괄표(기능별)
  4. 세출총괄표(조직별)
  5. 세출총괄표(성질별)
 Ⅲ. 세입예산서
 Ⅳ. 세출예산서
◎ **세입세출예산 사업명세서**(*회계별, 부서별로 나누어 게시)

지방자치단체 홈페이지 예산서 공개 코너 예시

예산총칙은 예산에 관한 총괄적 규정으로 간단한 한 쪽짜리 문서다. 그 내용은 회계별 예산총액과 지방채 및 일시차입금 한도액 정도이므로 그냥 훑어보면 된다. 세입예산서는 총괄표든 예산서든 그리 복잡하지 않기 때문에 앞서 설명한 세입예산의 분류를 염두에 두고 읽어 보면 어렵지 않게 내용을 파악할 수 있다. 반면 세출예산 쪽은 사전지식 없이 바로 이해하기 곤란할 정도로 난해하다. 우선 세출총괄표를 보면, 세입총괄표와 달리 기능별, 조직별, 성질별로 나뉘어 있다. 기능별 총괄

표란 6쪽에서 지방예산의 분야별 비중을 설명할 때 제시한 표와 같이 교육, 환경보호, 사회복지 등 정부가 수행하는 기능별로 예산을 분류한 것이다. 현행 지방예산의 기능별 분류는 13개 분야, 51개 부문으로 이루어져 있다. 조직별 총괄표는 부서별 소관예산이 얼마씩인지 기재한 것이다. 성질별 총괄표는 전체 예산을 인건비와 물건비 등 경비의 성질에 따라 분류해 놓은 것이다.

구분	의미	예시
인건비	행정활동에 필요한 인적자원 고용비	공무원 인건비 및 일용직 급여 등
물건비	행정사무 집행에 소요되는 자재 조달 및 활동비	여비, 업무추진비, 의회비, 재료비, 연구개발비 등
이전경비	정부 및 민관간 지출 (자본이전경비 제외)	보상금, 포상금, 출연금, 민간이전, 차입금이자 등
자본 지출비 융자 및 출자비	정부의 자본 형성을 위한 비용 및 자본보조	시설비, 민간자본이전, 자치단체 자본이전, 자산취득비 등
	정부의 융자 및 출자비용	융자금, 출자금 등
보전재원	차입금 상환 및 차기이월에 소요되는 경비	차입금 원금, 예치금 등
내부거래	정부 내 회계간 선출·입 등에 소요되는 경비	기타회계·기금 전출금, 감가상각비, 적립금 등
예비비 및 기타	예비비 및 반환금 등	예비비, 국고보조금 반환금, 과오납금 등

세출예산의 성질별 분류

이처럼 여러 가지 총괄표를 만들어 공개하는 이유는 국민 누구나 '우리 지역의 사회복지예산이 얼마나 될까?' 또는 '우리 지방정부는 업무추진비(물건비 중 업무추진비 항목)를 얼마나 쓰고 있을까?' 등이 궁금할 때 현황을 파악할 수 있도록 하기 위해서다.

그런데 정작 궁금한 것이 콕 짚어서 A라는 사업에 예산이 얼마 책정되어 있고, 산정근거가 무엇인지와 같이 세부적이라면 이런 자료에서는 답을 찾을 수 없다. 그런 세부적인 사항은 사업명세서를 봐야 나온다. 우리가 보통 '예산서'라고 할 때 머릿속에 떠올리는 자료도 그것이다. 사업명세서의 분류체계는 우선 부서별 분류 아래 정책사업-단위사업-세부사업 순으로 이루어져 있다. 그 밑의 편성목은 경비 성질에 따른 분류이다.

부서: 복지정책과
정책: 보훈관리(사회복지/보훈)
단위: 국가유공자 예우 및 지원
(단위: 천 원)

복지정책과	국 도 시	13,016,096 1,150,579 435,623 11,429,894	7,445,557	5,570,539
보훈관리(사회복지/보훈)		2,167,650	579,300	1,588,350
국가유공자 예우 및 지원		2,030,580	428,700	1,601,880
보훈행사		28,880	23,690	5,190
201 일반운영비		12,580	11,440	1,140
01 사무관리비		1,640	1,640	0
ㅇ현충일 행사지원		840		
＊ 공무원 급식비 7,000원×60명×2식		840		
ㅇ보훈의달 및 현충일행사 현수막 제작		800		
＊대형 200,000원×1개		200		
＊중형 100,000원×6개		600		

세출예산사업명세서 예시

이 예시는 어느 시의 실제 2011년도 예산서 중 일부다. 이 부분은 '보훈행사'라는 세부사업 예산 중 일부 내용에 관한 것이다. 우선 맨 위의 분류(부서, 정책, 단위)를 보면, 보훈행사 사업이 '복지정책과 소관'의 정책사업 '보훈관리' 밑의 단위사업 '국가유공자 예우 및 지원' 밑의 세부사업임을 알 수 있다. 이 면에 나타난 내용은 보훈행사 사업에 배정된 예산은 총 2,888만 원이고, 그중 현충일 행사에 지원 나가는 공무원 급식비로 84

만 원, 현수막 제작비로 80만 원 등을 쓸 계획을 세우고 있다는 것이다. 84만 원과 80만 원이라는 금액이 어떻게 산출된 것인지 산출근거도 나와 있다. 이렇게 산출근거까지 제시하기 때문에 누구나 예산이 과다 책정되었는지 여부를 판단할 수 있고, 이후 실제 집행내용과 일치하는지도 확인할 수 있다.

그뿐 아니라 이 짧은 내용만으로도 우리는 여러 가지 추가적인 정보를 얻을 수 있다. 우선 '보훈행사' 세부사업은 전년 대비 소폭 증액된 정도지만, 단위사업으로 올라가면 '국가유공자 예우 및 지원' 예산이 전년 대비 대폭 증액되었음을 알 수 있다. 전년도 4억 2,870만 원이었던 것이 20억 3,058만 원으로 5배 가까이 증액되었다. 이 단위사업을 포함하는 정책사업 '보훈관리' 예산 총액이 21억 6,765만 원이므로 정책사업에 배정된 예산 대부분을 이 단위사업이 차지하고 있다는 점도 확인된다. 따라서 여기에는 나타나지 않지만, 이 단위사업 내에 분명히 대폭 증액의 요인이 있다는 것을 알 수 있다.[22] 아울러 복지정책과 예산이 전반적으로 많이 늘어났다는 사실과 그 예산 중 국비, 도비, 시비가 차지하는 비중도 '국', '도', '시'라고 표시된 부분을 보면 알 수 있다. 이 정도만 알아도 예산서를 이해하기에는 큰 문제가 없다. 정작 중요한 것은 그 사업의 실제 내용을 얼마나 잘 파악하고, 사업의 필요성과 효과 등을 얼마나 합리적으로 판단하는가다.

예산서와 더불어 지방자치단체의 재정현황을 파악하는 데 꼭 필요한 자료가 하나 더 있다. '지방재정공시'가 그것이다. 지방재정공시란 '1년 동안의 재정운영 결과와 주민의 관심사항 등을 객관적인 절차를 통해 주민에게 알려 주는 제도'로서 매년 8월 정기적으로 자치단체 홈페이지에 재정공시 자료를 게시하도록 정해져 있다. 재정공시의 내용은 크게 공통공시와 특수공시 두 가지로 구분된다. 공통공시는 행정안전부가 정하는 대로 전국 자치단체가 공통으로 공시하는 것이고, 특수공시는 각 자치단체 자율로 구체적 내용을 정하여 공통공시에 추가해서 재정현황을 공시하는 것인데 주민숙원사업이나 시책사업 추진 실적 등이 주된 내용이다. 재정공시 내용만 찬찬히 읽어 봐도 우리 지역의 재정현황이 어떤지, 예산낭비로 이어질 문제점이 많은지 여부 등을 어느 정도 파악할 수 있다.

행정안전부가 운영하는 인터넷 사이트인 '재정고(http://lofin.mopas.go.kr)'도 알아 두자. 지방재정에 관한 정보가 가장 종합적으로 망라된 곳이다. 앞서 지방재정지표의 하나인 재정자립도를 언급한 바 있는데, 재정고 사이트에는 그 밖에도 재정자주도, 주민 1인당 지방세 부담액, 주민 1인당 세출예산액, 자체수입 대 인건비 비교 등 다양한 재정지표 현황이 게시되어 있고, 자치단체별 검색도 가능하다. 재정지표뿐 아니라 아주 다양한 지방재정 관련 정보가 있어 일일이 살펴보기 어려울 정도이다. 자신이 사는 지역 또는 관심 주제에 초점을 맞춰 활용하면 되겠다.

공통공시	총량적 재정 운영 결과	*세입·세출의 집행상황 *지방채무 현황 *채권관리 현황 *기금운영 현황 *공유재산의 증감 및 현재액 *복식부기에 의한 재무보고서 *통합재정정보	
		*행정안전부 재정분석 결과 *감사원 등의 감사결과	
	재정운영에 관한 중요사항	주민주요 관심항목	*인건비 집행 현황 *업무추진비 집행 현황 *지방의회경비 집행 현황 *행사·축제경비 집행 현황 *민간단체보조금 지원 현황 *기본경비 집행 현황 *포상금 집행 현황 *1천만 원 이상 수의계약 실적 *연말지출 비율 *지방세 지출예산 현황 *맞춤형복지비 현황 *중기지방재정 계획
특수공시	주민숙원사업 추진실적 등 사업별 재정운영 결과 구체적인 공시 내용은 자치단체별 지방재정공시심의위에서 정함		

지방재정공시 사항

재정위기의 원인과 대책

지방재정에 닥친 설상가상

 이제 본격적으로 지방재정난의 원인과 대책을 이야기해 보자. 사실 지방정부의 재정사정이 급격히 악화된 근본적 이유는 간단하다. 지출은 계속 늘어나는데, 수입은 이를 충당할 만큼 늘지 않기 때문이다. 버는 건 시원치 않은데 쓸 돈은 하루가 다르게 늘어난다면 정부재정이든 가계살림이든 버텨 낼 재간이 없다. 세입과 세출 측면으로 나누어 상황이 이렇게 된 이유를 하나씩 알아보자.

 지방세입이 줄어든 첫 번째 이유는 이명박 정부가 집권 직후부터 추진한 감세 정책 때문이다. 국회예산정책처가 2010

년 7월 발표한 자료[23]를 보면, 2008년 감세 조치에 의해 2008~2012년간 총 90조 2,000억 원의 세수가 감소하며 이 때문에 줄어드는 지방세입도 30조 2,000억 원이나 된다.[24] 이를 상쇄하는 2009년 감세 유보 조치와 2010년 지방소비세 도입 등의 세수 증가 효과를 고려해도 5년간 지방세입에 미치는 손실이 총 18조 6,000억 원에 이른다.

2008년 세제 개편(국세 감세)	−30조 2,000억 원
2009년 세제 개편(소득세·법인세 최고세율 인하 유보 등)	+5조 9,000억 원
2010년 지방소비세 도입	+5조 7,000억 원
종합	−18조 6,000억 원

국세 감세로 인한 지방세입 감소 효과
(자료: 국회예산정책처, 『지방자치단체 재정난의 원인과 대책』, 2010.)

국세가 줄면 지방세입도 자동으로 줄어드는 이유는 국가가 지방정부에 주는 사용처를 정하지 않은 재정지원금인 지방교부세와 지방교육재정교부금이 법으로 정한 내국세의 일정비율을 재원으로 하기 때문이다. 감세 조치가 없었다면 이런 재정지원금과 자체수입이 한 해 평균 3~4조 원 정도 더 들어왔을 것이다. 더 중요한 문제는 이렇게 줄어드는 재정지원금이 지방정부의 재량에 맡기는 일반재원이라는 점이다. 자체수입이 부족한 지방정부 입장에서 의존수입이지만 자율적으로 운용할 수 있는 국가지원금은 매우 중요하다. 실제 쓸 때는 자체수입과 마찬가지로 유연하게 활용할 수 있기 때문이다. 반면 국고보조금은 재량권 없이 국가의 관리·감독 아래 집행해야 하는 예산이므로 지방정부로서는 '반쪽짜리' 자기 예산에 불과하다. 실제로 2009년 이후 지방교부세는 줄고, 국고보조금은 늘어나는 현상이 확인되고 있다. 2009년부터 지방교부세와 국고보조금의 규모가 역전되었을 정도다.

(단위: 억 원, %)

구분	2007	2008	2009	2010
지방교부세	245,134	289,567 (18.1)	284,284 (-1.8)	273,920 (-3.6)
국고보조금	224,306	265,316 (18.3)	319,279 (20.3)	316,391 (-0.9)
합계	469,440	554,883 (18.2)	603,563 (8.8)	590,311 (-2.2)

연도별 지방정부 지원예산 현황
(자료: 국회예산정책처, 『지방자치단체 재정난의 원인과 대책』, 2010.)

그래서 생기는 현상이 '재정자주도'의 하락이다. 재정자주도는 앞서 설명한 재정자립도처럼 지방정부의 재정상태를 나타내는 주요 지표 중 하나다. 재정자립도가 일반회계 예산 중 자체수입의 비율인 데 비해 재정자주도는 일반회계 예산 중 자주적으로 운용하는 예산, 즉 '자체수입과 의존수입 중 일반재원(자주재원)'의 비율을 나타내는 것이다. 이 지표가 의미하는 것은 지방정부가 실제 자율적으로 편성·집행할 수 있는 예산이 전체 예산 중 얼마인가다. 재정자립도와 재정자주도가 동반 하락하고 있다는 것은 지방정부의 재정여건이 악화하고 있는 동시에 재정자주권도 축소되고 있다는 사실을 입증한다.

더구나 설상가상으로 2008년 말 세계 금융위기가 발생하면서 그 여파로 한국의 경제상황도 급속히 악화하기 시작했다. 경기가 좋지 않으면 당연히 세수는 감소하거나 증가세가 대폭 둔화한다. 그런데도 이명박 정부는 감세 정책을 포기하지 않았다.

(단위: %)

구분	재정자립도	재정자주도
2006	54.4	80.2
2007	53.6	79.5
2008	53.9	79.5
2009	53.6	78.9
2010	52.2	75.7
2011	51.9	76.7

재정자립도와 재정자주도 추이(전국 평균)
(자료: 행정안전부, 『2011년도 지방자치단체 예산개요』, 2011.)

애초 정부의 전망은 감세로 기업의 투자가 활성화되는 등 경기가 좋아지면 세수는 오히려 늘어나리라는 것이었다. 이러한 전망이 합리적인지 아닌지는 차치하고, 갑작스러운 변수 탓에 악화한 경제사정에 대응한다는 차원에서라도 감세를 철회하거나 유보해야 한다는 여론이 높았지만 정부는 요지부동이었다.

반면 경제위기에 대처하기 위해 정부지출은 급증했다. 경기 침체기에 정부가 지출을 늘리는 것은 불가피할 뿐 아니라 필요한 일이라고 볼 수 있다. 시중에 자금을 풀어 경기를 활성화해야 하고, 국민을 위한 일자리 창출과 소득 보전 등의 긴급대책을 시행해야 하기 때문이다. 문제는 이러한 일에 필요한 수입을 확보할 대책 없이 지출만 확대했다는 것이다. 이 간극은 빚으로 메워졌다. 앞서 지적한 지방채 급증은 실상 국가채무 증가에 비하면 심각성이 덜하다고 할 지경이다. 국가채무는 2008년 309조 원으로 처음 300조 원을 넘어선 후 4년간 연평균 9.7%의 증가율을 기록하고 있다. 2009년에 50조 6,000억 원, 2010년 33조 2,000억 원이 늘어났으며, 경기 회복세에 접어든 이후에도 증가세가 약간 둔화하였을 뿐 2011년과 2012년에도 각각 30조 5,000억 원과 25조 5,000억 원이 증가할 것으로 전망한다.[25] 5년 만에 150조 원 가까이 늘어나는 것이다. 이런 상황에서 지방재정이 어렵지 않다면 오히려 이상한 일일지도 모른다.

(단위: 조 원, %)

구분	2008 결산	2009 결산	2010 결산	2011 전망	2012 전망	연평균 증가율
국가채무 (GDP 대비)	309.0 (30.2)	359.6 (33.8)	392.2 (33.5)	422.7 (33.3)	448.2 (32.8)	9.7

연도별 국가채무 추이
(자료: 국회예산정책처, 『2012년도 예산안 총괄』, 2011.)

부동산과 지방세는 운명공동체?

2008년 세계 금융위기는 특히 부동산 경기의 급격한 침체를 가져왔는데, 이는 지방세입에 아주 직접적이고 심각한 타격을 주었다. 이 타격은 단순히 경기가 좋지 않으니 세수가 늘지 않는 것이 당연하다는 수준을 넘어서는 것이다. 한국의 지방세는 국세보다 규모가 작을 뿐 아니라 태반이 부동산 관련 세금이기 때문이다. 전체 조세 중 국세와 지방세가 차지하는 비율이 80 대 20 정도라는 사실은 앞에서 설명했다. 이렇다 보니 지방예산 전체에서 지방세가 차지하는 비중이 3분의 1에 불과한 데다, 지방세수의 62.5%를 부동산과세가 차지하고 있다. 소득과세는 17.2%, 소비과세는 18.8%에 불과하다.[26] 사실상 부동산 경기에 목을 매고 있는 셈이다.

그런데 부동산 경기는 장기간 침체 국면을 벗어나지 못하고 있다. 이미 경제위기 이전인 2007년부터 아파트 거래량이 전년 말의 절반 수준으로 떨어진 이후 장기간 회복되지 못했다. 토지 거래량도 마찬가지다. 아파트 거래량은 2006년 11월 15만 2,013동으로 고점을 찍은 이후 급감해 2009년에는 7만 동대(7만 7,470동)에 머물렀다. 토지 거래량도 2005년에는 전년 대비 13.8% 늘어났지만, 2006년 마이너스(-4.5%)로 접어든 이후 감소세를 지속해 2009년에는 -2.7%를 기록했다.[27]

이 때문에 2009년에는 예산을 감액 경정하기까지 했다. 당초예산 47조 1,000억 원에서 1조 9,000억 원을 감액한 45조 2,000억 원으로 세입예산을 수정한 것인데, 감액분 대부분(1조 8,000억 원)이 취득·등록세에서 발생한 것이었다. 앞서 설명한 대로 이러한 손실을 국가도 충분히 메워 주지 못하는 상황이었기 때문에 결국 지방예산은 규모 자체가 쪼그라드는 지경에 이르게 되었다. 2005~2009년간 매년 5~11%대의 증가율을 보이던 지방정부의 세입예산 규모가 2010년 이후 거의 정체 상태를 보이고 있다. 물가상승률 등을 고려한다면 사실상 감소했다고 봐도 좋을 정도다.

(단위: 조 원, %)

구분	2005	2006	2007	2008	2009	2010	2011
예산규모	92.4	101.4	112.0	125.0	137.5	139.9	141.0
증가율	5.8	9.7	10.5	11.6	10.1	1.7	0.8

연도별 지방정부 세입예산 규모 추이(당초예산 순계)
(자료: 국회예산정책처, 『지방세의 현황과 과제』, 2011.)

악화한 재정사정으로 말미암은 피해는 아래로 내려갈수록 세입 기반이 취약하고, 권한도 적기 때문에 더욱 심해진다. 지방정부 중에서도 광역자치단체보다 기초자치단체의 고통이 더하다. 기본적으로 광역에서 기초로 내려가는 재정지원이 줄어들었다. 2010년 당초예산 기준으로 조정교부금과 재정보전금, 시·도비보조금을 합한 지방정부 간 이전재원은 총 13조 2,085억 원으로 전년 대비 2조 7,000억 원(-16.9%)이나 감소했다. 조정교부금이 5,000억 원, 재정보전금이 1,000억 원, 시·도비보조금은 2조 1,000억 원 정도 줄었다.

지방재정난을 해결하기 위한 대책이 전혀 없었던 것은 아니다. 지방세를 늘리는 것이 근본적인 대책이라는 취지에서 2010년 지방소득세와 지방소비세를 도입하는 세제 개편이 이루어졌지만, 이로 말미암은 세수 증대 효과는 그다지 크지 않았다. 지방소득세는 종전 주민세의 소득세할과 사업소세의 종업원할을 통합한 것으로 새로운 지방세원이 아니라 종업원분 지방소득세와 재산분 주민세를 구세로 하여 자치구의 세수 결손을 해결하는 것을 주목적으로 하는 것이다. 지방소비세는 국세인 부가가치세의 5%(2013년부터 10%로 확대 예정)를 지방세로 전환한 것으로서 지방세를 늘려 준 것은 맞지만, 국세가 그만큼 줄어들기 때문에 자동으로 지방교부세 및 지방교육재정교부금도 줄어든다는 점 등을 고려하면 실제 증가하는 금액은 2010년 최종예산 기준 2조 원 정도에 그친다. 이는 감세 정책으로 말미암은 2010년 지방재정 감소규모 8조 원의 4분의 1에 불과하다. 더구나 지방소비세는 시·도세여서 세수 일부가 재정보전금으로 지원되기는 하지만, 기초자치단체 입장에선 지방교부세 감소에 따른 손실을 고려할 때 효과가 더욱 작아진다. 또한, 세수 증대 효과가 주로 인구가 많고 소비가 활발한 수도권 지역에 집중되어 '부익부 빈익빈' 현상을 심화시킬 소지가 있다. 실제 지방소비세로 말미암은 세수 증가액 1위와 2위는 서울시와 경기도가 차지하고 있다.[28]

정말 이상한 일은 지방세수 사정이 이렇게 열악한데도 비과세·감면을 과다하게 해 주고 있다는 것이다. 그렇지 않아도 세금이 걷히지 않아 걱정이라고 하면서 한편으로는 일부러 세금을 깎아 주고, 안 받고 있다는 말이니 이해하기 어려운 일이다. 지방세 비과세·감면 규모는 국세보다 크다. 2010년 지방세 비과세·감면 추계액은 13조 9,832억 원, 감면율 22.3%로서 국세 감면율 14.7%보다 훨씬 높다. 증가세도 가파르다. 2005년 감면액이 5조 2,922억 원이었는데, 2009년에 15조 270억 원까지 증가했다. 연평균 증가율이 30%로서 같은 기간 국세의 평균 증가율 9%를 멀찌감치 따돌렸다. 한편, 같은 기간 지방세 증가율은 6%에 불과했다.

이런 이해하기 어려운 일이 벌어지는 가장 큰 이유는 국가가 부동산 경기 활성화 등을 위해 일방적으로 지방세 비과세·감면 조처를 하기 때문이다. 지방세의 비과세·감면은 법률에 의한 것과 조례에 의한 것으로 나눌 수 있는데, 법률에 의한 감면은 지방정부의 의사와 무관하게 중앙정부 및 국회가 결정하는 것이다. 이러한 감면이 남발되어 생색은 중앙정부나 정치인들이 내고, 부담은 지방정부가 지는 상황이 반복되고 있는 것이다. 실제로 2005~2009년간 지방세법에 의한 감면이 연평균 43.7%, 조세특례제한법에 의한 감면이 27.6% 증가했지만, 조례에 의한 감면은 0.5%밖에 늘지 않았다.[29)]

그렇다고 지방정부의 책임이 없다고 말할 수는 없다. 조례에 의한 감면제도를 역으로 활용해 세수를 확대할 방법이 있는데도 거의 시도하고 있지 않기 때문이다. 조세법률주의가 원칙인데도 조례에 의한 세금 감면이 가능한 이유는 '탄력세율제도'가 있어서다. 탄력세율제도란 11개 지방 세목 중 지방소비세와 레저세를 제외한 9개 세목에 대해서는 조례나 대통령령(담배소비세, 주행세의 경우)으로 30~50%의 세율을 가감할 수 있도록 허용한 것이다. 그런데 지방자치 시행 이후 이 제도가 활용된 것은 대부분 재산세율을 낮추기 위해서였다. 주로 서울시 자치구(25개 구 중 20개)에서 세율을 인하할 목적으로 조례를 만든 것이다. 이 때문에 심지어 집값이 더 싼 다른 지역 주민보다 세금을 적게 내는 상황이 벌어질 지경이라는 지적에도 이 조치는 여전히 유지되고 있다.

또한 지방정부의 세외수입 확충 노력도 충분하다고 할 수 없다. 세외수입은 전체 지방예산의 20%, 자체수입의 40% 이상을 차지하고 있어 규모만 보더라도 중요성이 크고, 지방세수나 국고지원을 마음대로 조절할 수 없는 지방정부 입장에선 단기간에 자율적으로 늘릴 가능성이 가장 높은 재원이다. 그런데 최근 5년간 주민 1인당 세외수입액 추이를 보면 오히려 금액이 감소하고 있다. 2007년 22만 4,000원이었던 것이 2009년

27만 8,000원까지 올라갔다가 2010년에 감소세로 바뀌었고, 2011년 예산에선 24만 3,000원까지 떨어졌다. 물론 지방세제 개편의 영향을 고려해야 하지만, 경기가 나쁜데도 같은 시기 1인당 지방세액은 77만 7,000원에서 98만 5,000원으로 꾸준히 증가해 왔다. 행정안전부도 지방정부 세외수입에 대해 안정성이 높은 경상적 세외수입 비중이 작고, 시·도와 시의 수입이 전체의 67%를 차지하는 등 편중되어 있다고 지적하고 있다.[30]

실제 세외수입 중 이자수입의 경우 금융기관 선정 및 관리를 적극적으로 하는 것만으로 한 해 수십억 원을 더 벌 수 있음을 보여 주는 사례가 많다. 들어온 수입을 한꺼번에 지출하는 것이 아니므로 금융기관 하나를 금고로 지정해서 현금을 예치해 두게 되는데, 보통 거래하던 금융기관과 그냥 계약하는 일이 많다. 이를 경쟁입찰에 부쳐 좀 더 많은 이자를 주는 금융기관을 선정하고 단기간 내에 지출하지 않을 자금은 이자율이 높은 정기예금으로 넣는다든지 하는 것이다. 최근에도 대구시 교육청이 전년 대비 22억 원의 이자수입을 더 거둔 일이 기사화되기도 했다.[31] 이 밖에도 세금 체납, 특히 고액 체납자에 대한 강력한 징수조치 등 세수 결손을 최소화하기 위한 노력도 이전보다 훨씬 강화해야 마땅하다.

수입이 줄어도 지출은 못 줄이는 이유

앞에서 지방재정은 국가재정과 달리 '양입제출' 즉, 세입에 맞춰 세출을 정하는 방식으로 운용된다고 말했다. 그렇다면 '악화한 세입 사정에 맞춰 세출을 줄이면 되지 않겠는가?'라고 생각할 수 있다. 틀린 말은 아니다. 특히 앞에서 예시한 바와 같이 호화 청사 같은 과다한 건설사업과 지방축제 남발 등 낭비사례를 많이 접해 온 국민으로서는 그렇게 생각할 만하다. 하지만 현실은 그리 간단치 않다. 짧은 시간 내에 대규모 세출 구조조정을 하기 쉽지 않을 뿐 아니라 아예 조정할 수 없는 큰 덩어리들도 있기 때문이다.

세출 측면에서 지방재정을 악화시킨 첫 번째 요인은 경제위기 대응지출이다. 2008년 말 세계 금융위기 이후 급격한 경기침체기에 정부의 지출 확대는 불가피했다고 볼 수 있다. 하지만 세입을 늘릴 대책 없이 지출만 늘리다 보니 그 간격이 국가와 지방의 채무로 이어지게 되면서 현재의 재정압박은 물론 장기적 위험요인으로 남게 되었다. 이렇게 급증한 채무 상환비용이 지속적으로 재정을 압박하는 요인이 될 것이다.

이 와중에 지방정부는 경기 활성화를 위한 자체사업도 늘려야 하고, 중앙정부의 국고보조사업 확대 탓에 대응지방비(국고지원에 비례해서 충당해야 하는 자체사업비)도 급증하는 이중의 재정압박에 시달리게 되었다. 국고보조사업은 대부분 국고보조금에 상응하는 일정 비율의 대응지방비를 지방정부 자체예산으로 마련할 것을 조건으로 한다. 따라서 국고보조사업이 증가하면, 지방정부가 의무적으로 마련해야 하는 대응지방비도 자동으로 늘어나게 된다.

이미 경제위기 이전부터 이러한 대응지방비 부담은 계속 증가하고 있었다. 게다가 중앙정부가 경제위기 상황에서 정부지출 증대 및 취약계층 보호 등을 위해 국고보조사업을 대거 확대하면서 지방정부가 져야 할 재정부담이 일시에 급증했다. 2009년 지방정부 당초예산에서 15조 2,329억 원이었던 대응지방비가 최종예산에서는 18조 6,554억 원으로 3조 4,000억 원이나 늘어났다. 애초 계획에 없었던 지출이 3조 원 넘게 늘어난 것이다. 이는 2005~2008년의 4년간 평균 증가액 9,217억 원의 3배가 넘는 규모이다.

(단위: 억 원)

구분	당초예산		최종예산		지방비 증감 (B-A)
	국고보조금	대응지방비 (A)	국고보조금	대응지방비 추정액(B)	
2005	152,813	73,337	171,736	82,418	9,081
2006	180,380	73,885	211,004	86,429	12,544
2007	211,590	96,721	219,152	100,178	3,457
2008	236,899	122,437	259,703	134,223	11,786
2009	265,004	152,329	324,545	186,554	34,225
2010	297,005	175,224	-	-	-

2005~2010년 국고보조금 및 대응지방비 추이
(자료: 국회예산정책처, 『지방자치단체 재정난의 원인과 대책』, 2010.)

종합적으로 당시 지방예산의 사정을 점검해 보면, 경제위기 발생 직후인 2009년 세입 측면에서 7조 원의 감소 요인이 있었는데도 불구하고 세출은 당초예산보다 19조 2,000억 원을 늘렸다. 결과적으로 통합재정수지(수입에서 지출을 뺀 수지)가 2008년 20조 2,000억 원 흑자에서 1년 만에 7조 1,000억 원 적자로 급락하게 되었다. 특별한 세입 확대대책이 없는 지방정부는 결국 적자를 빚으로 메웠다. 같은 해 지방채를 8조 5,338

억 원이나 신규 발행하면서, 지방채 잔액이 전년 대비 30% 이상 급증한 25조 5,531억 원에 이르게 된 것이다.

경기침체에 대응하기 위한 재정 조기 집행도 여러 문제를 가져왔다. 재정 조기 집행이란 시중에 돈을 빨리, 많이 풀기 위해 정부예산을 앞당겨 집행하는 것을 말한다. 2009년 중앙정부는 전체 예산의 60~70%를 상반기 안에 집행하라고 지방정부를 강력히 독려했다. 예를 들어 본래 하반기에 지급할 계획이었던 공사대금이나 용역비가 있다면, 이를 상반기 중에 시기를 앞당겨 지급하는 식이다. 문제는 중앙정부의 독촉 탓에 너무 무리하게 조기 집행을 하다 보니 손실을 무릅쓴 불합리한 예산집행이 발생한 것이다. 우선 조기 집행에 필요한 예산을 마련하기 위해 보유하고 있는 현금을 빨리 써 버려 이자수입이 줄어들었다. 심지어 예산이 부족해 일시차입을 하는 일까지 생겼다. 있는 돈을 빨리 집행하는 차원을 넘어 돈을 빌려서 조기 집행 실적을 높인 것이다.

2010년 조승수 국회의원이 국회예산정책처에 의뢰한 '재정 조기 집행으로 말미암은 이자 감소 현황' 분석결과를 보면 2009년 160개 자치단체의 이자수입 감소액만 2,321억 원에 이르고, 자료를 제출하지 않은 나머지 자치단체까지 합하면 총 4,000억 원 정도의 손실이 발생한 것으로 추산되었다. 조기 집행 자금을 마련하기 위한 일시차입금 이자비용도 상당했다. 서울시가 약 60억 원, 전라남도가 33억 원, 경상북도가 34억 원 등 총 164억 원의 이자비용 발생이 확인되었다.

왜 이렇게 어이없는 일이 일어났는가? 주된 이유는 중앙정부가 지방정부에 조기 집행 실적을 높이도록 강력한 압박을 가했기 때문이다. 채찍과 더불어 당근도 주어졌다. 조기 집행 실적을 자치단체 평가항목 중 하나로 삼아 성과보수를 지급하기도 하고, 조기 집행 때문에 일시차입을 했을 때 이자비용 중 일부를 중앙정부가 특별교부세로 지원해 주기도 했다. 그렇다고 지방정부의 손실이나 추가되는 비용을 전액 보전해 준 것은 아니므로 결국 이로 말미암은 부담은 지방정부의 몫으로 남아 가뜩이나 어려운 지방재정에 악영향을 미친 것이다.[32]

지방에 부담 떠넘기는 국가

감세 정책이나 경기 침체 같은 외부적 요인 이외에 지방재정이 구조적으로 짊어지고 있는 큰 짐이 몇 가지 있다. 그중 가장 하중이 큰 것이 사회복지비다. 지방예산에서 사회복지예산의 비중은 해마다 크게 높아지고 있다. 전체 예산 증가율보다 사회복지예산 증가율이 훨씬 가파르기 때문이다. 사회복지예산은 2006년에는 전체 예산의 14% 정도였으나 매년 크게 확대되어 2011년 당초예산 기준으로 20%를 차지하고 있다. 연평균 증가율이 19%로 전체 예산 증가율(8.6%)의 2배에 이른다.

(단위: 조 원, %)

구 분	2006 최종	2007 최종	2008 최종	2009 최종	2010 당초	2011 당초	연평균 증가율
예산 규모(순계)	101.4	112.0	125.0	137.5	139.9	141.0	8.6
사회복지 예산 규모	13.8	17.3	21.7	24.1	26.5	28.5	19.0
사회복지 예산 비중	13.6	15.4	17.4	17.5	18.9	20.2	–

지방정부의 사회복지예산 추이
(자료: 김재일, 『중앙·지방의 사회복지재정 분담제도 개선방안』, 2011.)

지방정부는 '주민의 복리 증진'을 존재 이유로 삼고 있으므로 사회복지예산의 규모가 커지고 비중이 높아지는 것 자체를 문제라고 볼 수는 없다. 하지만 현실적으로 지방재정이 넉넉지 못하다 보니 급등하는 사회복지비용을 감당하는 데 어려움이 많다. 좀 더 구체적으로 그 이유를 살펴보자.

사회복지예산 대부분은 국고보조사업이다. 2011년 지방정부의 사회복지예산 28조 4,632억 원 중 보조사업이 25조 606억 원으로 88%를 차지했다. 국민 누구나 어느 지역에 살든지 큰 차이 없이 복지 혜택을 누릴 수 있도록 법률에 의한 국가사업으로 예산을 편성하고, 실제 집행을 담당하는 지방자치단체에 비용을 지원하는 경우가 많기 때문이다. 문제는 그 비용을 전부 주는 것이 아니라는 데 있다. 일부를 국가가 지원하고 지방정부도 국가가 정한 비율대로 자체예산을 덧붙여 집행해야 한다. 앞서 말한 대응지방비 부담이 발생하는 것이다.

그런데 국가재정이 자꾸 어려워지다 보니 점차 국고지원 비율을 낮추고 지방비 부담을 올리고 있다. 예를 들어 2000년에 도입된 기초생활보장 급여사업의 지방비 부담률은 20%였으나

2008년에 도입된 기초노령연금의 부담률은 30%로 올라갔다. 이런 식이다 보니 보건복지부 소관 국고보조사업 전체적으로 봐도 2006~2010년간 국고보조는 연평균 24.3% 증가한 데 비해 대응지방비는 36.4%나 증가한 것으로 나타난다.

특히 자치구의 사정이 열악하다. 자치구는 본래 다른 자치단체보다 사회복지예산 비율이 높다. 2011년 기준으로 전체 자치단체 평균(20%)의 배(40%)다. 다른 유형의 자치단체는 가장 높은 도가 25%, 가장 낮은 군은 15% 정도에 불과하다. 자치구의 복지예산 비율이 유난히 높은 근본적인 원인은 복지지출 수급자가 많기 때문이다. 자치구에는 노인과 아동, 빈곤층 등 복지수요자가 다른 자치단체보다 많고, 이는 앞으로도 가파르게 증가할 것으로 예상된다. 2009년의 한 연구 결과에 따르면 자치구의 복지재정수요 증가율은 38%로서 자치단체 중 최고 수준이며, 이에 따라 2008~2018년간 사회복지예산 비율 증가율도 다른 자치단체보다 월등히 높은 14.4%포인트에 이를 전망이다. 반면 군은 복지수요 증가율이 1.1%에 불과해 복지예산 비중도 0.2%밖에 늘지 않는다.

(단위: %, %포인트)

구분	복지재정수요 증가율					사회복지예산 비율		
	65세 이상인구 비율	14세이하 인구비율	기초생활 수급비율	장애인 비율	가중평균 수요 증가율	2008(A)	2018(B)	증가 (B-A)
특별·광역시	61.8	-26.9	58.7	37.5	38.1	19.6	27.1	7.5
도	39.6	-28.2	32.1	45.8	23.1	25.2	31.4	5.9
시	54.8	-21.1	44.8	50.4	34.1	17.2	23.1	5.9
군	9.0	-38.5	4.9	36.0	1.1	14.0	14.2	0.2
자치구	62.2	-27.6	59.0	35.8	38.0	38.0	52.4	14.4

지방정부별 사회복지예산 비중 전망
(자료: 국회예산정책처, 『지방자치단체 재정난의 원인과 대책』, 2010.)

복지지출의 특성 중 하나는 한 번 생기면 줄어들거나 없어지는 일이 별로 없다는 것이다. 고령화가 급속히 진행되고 경제성장도 둔화하는 추세다 보니 수급자가 나날이 증가하고, 새로운 복지제도가 늘어나면서 지출규모도 상당히 빠르게 커지고 있다. 현행 제도에 의한 지출만으로도 전체 예산의 절반 가까이 복지에 투입하고 있는 자치구는 앞으로의 증가율까지 고려하면 이로 말미암은 재정부담이 정말 만만치 않을 것이다. 이를 대책 없이 그대로 내버려 두면 자체사업이 거의 불가능할 지경에 이를 수 있다는 우려가 제기될 정도다. 복지가 지방행정의 가장 중요한 분야인 것은 맞지만, 복지가 지방행정 전부가 아니라는 사실 역시 분명하다. 지방재정의 자율성과 여력을 확대하지 않고서는 지방자치의 발전은 물론 정상적인 운영조차 장담할 수 없는 상황이 올 수 있다.

이 문제의 핵심은 국가가 세입 확대수단이 없는 지방정부에 복지비용 부담을 전가하는 것이다. 복지도 확대하고 지방재정도 살리려면 국가가 제대로 책임을 져야 한다. 국민 누구나 누려야 할 기본적 복지수준을 유지하기 위한 정책사업은 국가의 책임이다. 지방정부의 역할은 지역 특성에 맞는 다양한 자체사업을 개발하여 국가 복지정책의 빈틈을 메우는 것이다. 국가는 책임을 확대하고 지방정부는 본연의 역할에 충실하도록 해야 한다.

지방재정의 '세금 먹는 하마'들

지금까지 살펴본 지방재정 악화의 주요 원인은 다음과 같다. 세입 측면에서는 감세 정책과 경기침체 탓에 국세가 감소하면서 국가의 지원금이 줄었다. 같은 이유로 특히 부동산경기 침체로 지방세입도 줄었다. 더 구조적인 차원에선 지방세입 기반의 취약성(규모가 작고 부동산 관련세에 집중), 과다한 비과세·감면, 세입 증대 노력 부족 등도 있다. 세출 측면에서는 경제위기 대응지출 급증 및 재정 조기 집행의 부작용을 살펴보았고, 특히 부담이 큰 복지예산을 중심으로 국고보조 대응지방비 제도의 문제점도 지적했다. 종합하면 구조적으로 세출 증가세에 걸맞은 세입기반을 갖추지 못한 상태에서 감세와 경제위기라는 거대한 타격을 동시에 받으면서, 여러 가지 내재해 있던 문제점이 한꺼번에 노출되고 있는 것이다.

하지만 정작 지방재정 악화의 핵심적 원인은 다른 곳에 있다. 가장 중요한 것은 사람이다. 사람이 어떻게 하는가에 따라 약점을 장점으로, 위기를 기회로 바꿀 수도 있고 반대로 영원히 나락으로 떨어질 수도 있다. 앞에서 본 것처럼 유바리 시가 파산한 결정적 요인은 빚을 져 가며 과대 규모의 토건사업과 축제를 무분별하게 벌였던 데 있다. 폐광으로 말미암은 경기침체기에 중앙정부의 지원금을 재원으로 삼아 보다 내실 있는 지역발전전략을 세웠다면 결과는 판이해졌을 것이다. 안타깝게도 한국 지방정부의 모습은 유바리 시의 과거와 많이 닮았다. 언론과 많은 전문가도 지방재정난의 원인 중 하나로 재정운용의 방만함과 비효율성을 지적하고 있다.

지방재정 위기를 이야기하면서 가장 많이 언급된 지역 중 하나인 인천광역시의 사례를 살펴보자. 인천시는 2012년 지방재정위기 사전경보 시스템 시행을 앞두고, 재정위기단체 제1호로 지정될 가능성이 가장 큰 자치단체 중 하나로 거론되고 있다. 인천시의 재정은 이미 오래전부터 골병이 들어 있는 상태였다. 인천지역 시민단체들은 2002년부터 2010년까지 8년간 인천시장으로 재임한 안상수 전 시장이 인천시 재정파탄의 주역이라고 주장한다. 2002년 취임 당시 6,462억 원에 머물렀던 인천시 채무를 퇴임하기 직전인 2009년 말 기준 2조 4,774억 원으로 4배나 불려 놓았다는 이유에서다. 인천시의 채무가 급증하기 시작한 시기가 2005~2006년인데, 2006년 지방선거를 앞두고 재선을 노리던 안상수 전 시장이 주거정비구역을 119개나 추가 지정하고 가정오거리 재개발사업(루원시티)과 초고층(151층) 쌍둥이빌딩 건설 등 각종 대형 개발사업계획을 내놓으면서 부족한 자금을 빚으로 충당하느라 채무가 급증했다는 것이다. 2010년 취임한 새 시장과 시민단체가 조사한 바로는 공기업 부채까지 포함하면 인천시의 빚은 2010년 말 기준으로 약 10조 원에 이를 것으로 추산된다고 한다.

인천시 재정은 2014년 아시안게임을 유치한 2007년 이후 더욱 망가졌다. 인천시는 아시안게임 준비를 위해 건설비 5,000억 원 규모의 주 경기장 등 대형시설을 잇달아 건립하고, 도시

철도 2호선 개통시기를 아시안게임 개최시점에 맞추기 위해 막대한 재원을 투입했다. 심지어 안상수 전 시장은 시 재정의 손실도 아랑곳하지 않고, 본인의 최대 치적인 아시안게임을 '멋지게' 치르는 데만 골몰했다. 그는 문화관광부(현 문화체육관광부)가 '거액을 들여 주 경기장을 신축하지 말고 기존의 문학경기장을 증축해 사용하는 것이 타당하다.'라고 인천시의 계획에 제동을 걸자, '비용은 전액 인천시가 알아서 마련할 테니 중앙정부는 간섭하지 마라.'라고 대응했다. 결국 본래 예정되어 있던 국비지원을 포기하는 대신 시장 고집대로 주 경기장을 신축하는 것으로 결론이 났다. 사업비는 시 예산과 민간자본으로 충당하기로 했다. 하지만 민간자본은 결국 사업에서 손을 뗐고 비용부담은 전부 인천시 몫으로 남게 되었다. 지금 인천시는 '시 재정사정이 너무 나빠 도저히 건설비를 감당할 수 없다. 경기장 규모를 축소할 테니 국비를 지원해 달라.'라고 요구하고 있지만, 중앙정부의 반응은 냉담하다. '알아서 할 테니 놔두라고 할 때는 언제고 상황이 어려워지니까 생떼를 쓴다.'라는 생각일 것이다. 최근 인천시 정무부시장이 한 신문에 기고한 글을 보면 인천시 재정사정이 얼마나 나쁜지 구체적으로 확인할 수 있다.

"우리나라에서 세 번째로 열리는 2014 인천 아시안게임이 3년 앞으로 다가왔지만, 정부의 관심과 지원 부족으로 많은 어려움을 겪고 있다. (중략) 정부가 재정위기 지방자치단체 지정을 앞둔 가운데 현재 인천시의 채무액은 2조 7,045

억 원으로 올해 예산 6조 9,780억 원의 38.7%에 달한다. 이 가운데 아시안게임 경기장 건설 채무액이 5,350억 원으로 전체 채무액의 19.8%에 달하고, 아시안게임의 준비를 위한 도시철도 2호선 건설의 채무액은 1,157억 원이다. 내년에 다른 사업을 위한 지방채 발행을 모두 중단하더라도 AG(아시안게임) 3,107억 원과 도시철도 2호선 1,617억 원, 지역개발채권 1,061억 원을 합쳐 5,785억 원의 지방채를 발행할 수밖에 없다. 예산규모를 8조 3,231억 원으로 추정하면 채무비율 40.3%로 재정위기단체로 지정될 가능성이 크다."[33]

물론 부시장은 이 대목에 이어 강도 높은 예산 절감 노력을 기울이고 있다며, 아시안게임의 성공적 개최가 인천시는 물론 국가적으로 중요한 일이니 국비를 지원해 달라고 호소하고 있다. 하지만 지나온 과정을 돌이켜 보면 인천시의 요구에 쉽게 동의하기 어렵다. 인천시 재정이 망가진 주된 이유가 국가의 정책이나 제도, 경제위기 등 '남의 탓'이 아니라 자치단체장의 무리한 욕심과 고집, 그리고 그것을 제어하지 못하고 오히려 호응하기까지 한 지역 역량의 총체적인 한계에 있음이 분명하기 때문이다.

진짜 원인은 안에 있다

지금도 우리 지방재정 곳곳에는 지속적으로 압박 요인이 될 암초들이 자리 잡고 있다. 토건예산은 여전히 과다하고 그로 말미암은 유지관리비 증가 문제도 만만치 않다. 앞서 호화 청사 문제를 이야기하면서 과다한 건설비뿐 아니라 건설 후 불어나는 유지관리비도 큰 문제라고 지적한 바 있다. 과잉규모의 시설을 지어 놓고 활용하지 못한 채 놀리고 있거나 엄청난 유지관리비로 골치를 썩이는 사례는 전국 곳곳에 널려 있다.

대표적인 문제점 중 하나로 각종 민간투자사업의 위험성을 지적하고자 한다. 민간투자사업이란 민간자본을 유치하여 사회기반시설을 건설하는 공공사업 방식이다. 한국의 민자사업은 크게 2가지 방식으로 나뉜다. 수익형 민자사업(BTO)과 임대형 민자사업(BTL)이다. 수익형 민자사업은 민간사업자가 시설을 건설(build)한 후 소유권을 정부에 이전(transfer)하되, 일정 기간 그 시설을 운영(operate)하여 투자비를 회수하고 수익을 얻는 방식이다. 임대형 민자사업은 건설 후 소유권을 정부에 이전하는 과정까진 수익형 민자사업과 같지만, 직접 시설을 운영하지 않고 정부로부터 임대료(lease)를 받는 방식이다. 임대형 민자사업은 주로 수익을 기대하기 어려운 학교, 군부대 등의 시설 건립 때 적용된다. 많은 돈이 필요한 공공시설 건립을 예산 부담은 줄이면서 추진할 수 있고, 경기 활성화에도 도움이 된다는 이유로 많은 정부 건설사업이 이러한 방식으로 진행된다.

하지만 민자사업에 긍정적인 면만 있는 것은 아니다. 가장 많이 지적된 문제점은 민간사업자에게 과도한 이익을 보장해 주는 일이 많다는 것이다. 민간사업자에게 안정적 수익을 보장하여 민간투자를 쉽게 유치하기 위해 '최소운영수입 보장제도(MRG, Minimum Revenue Guarantee)'라는 것을 시행했기 때문이다. 실제 수요가 예측수요에 미달하면 부족분의 80~90%까지 정부가 보전해 주는 조건으로 계약하는 것이다. 그런데 이 예측수요라는 것이 엄청나게 부풀려지기 일쑤였다. 말도 안 되게 뻥튀기된 예측수요의 80~90%를, 길게는 20~30년씩이나 예산으로 메워 줘야 한다.

인천공항철도는 30년간 예측수요의 90%를 보전해 주는 조건의 수익형 민자사업으로 건설되었는데, 막상 운행을 해보니 승객수가 예측수요의 7%에 불과해 2007년 1,040억 원, 2008년 1,666억 원을 수익보전금으로 지급하게 되었다. 거센 비판을 감당하지 못한 정부는 결국 2009년 민간사업자와의 계약을 해지하고 민간사업자의 지분 1조 2,000억 원을 철도공사가 인수하도록 했다.[34] 철도공사에 적자투성이 대형시설을 비싼 값에 강제로 떠맡긴 꼴이지만 과다한 수익보전금을 계속 지급할 수는 없었기 때문이다. 이러한 실태가 하나둘씩 드러나면서 국민의 분노가 치솟자 정부는 2009년 뒤늦게나마 이 제도를 폐지했다. 하지만 그전에 한 계약은 여전히 유효하므로 이미 약속한 돈은 계속 줘야 한다.

지방정부 역시 엄청난 규모의 민자사업을 벌이고 있다. 기획재정부가 2010년 집계한 바로는, 지방정부가 추진하는 민자사업이 총 173건으로 사업비가 23조 8,218억 원에 이른다. 더구나 이 수치는 국고지원 300억 원 이상 사업만 파악한 것으로 일부에 불과하다. 행정안전부가 2009년에 파악한 규모는 훨씬 더 크다. 민간투자법에 의한 민자사업만 229건(사업비 26조 1,000억 원)이고, 그 밖의 개별법령 등에 따라 추진하는 지방정부 자체 민자사업이 62건(119조 2,207억 원) 더 있는 것으로 나타났다. 정부로서 민자사업은 당장 재정부담이 없으므로 시작하기는 쉽지만, 자칫 빚내서 축제하는 격이 될 우려가 크다. 이미 건설을 완료한 민자사업을 통해 그 부담이 얼마나 클지 가늠해 보자. 국회예산정책처가 민자사업으로 건설한 9개 지방정부 공공시설의 운영실태를 조사한 결과, 2008년에만 621억 원을 수익보전금으로 지급했고 앞으로 20~30년간 지급해야 할 금액이 1조 원이 넘을 것으로 전망되었다.[35] 이러한 실태를 알면 알수록 감세와 경제위기 등의 외부 변수나 제도적 문제점보다 오랫동안 쌓여온 우리 지방재정 내부의 방만함과 불합리성이 가장 핵심적인 위기 요인이라는 것을 절감하지 않을 수 없다.

유형	내부적 요인	외부적 요인
정치·사회적 요인	정치적·선심성 재정운영 내적 통제 기능의 약화 주민 욕구의 팽창 조세저항의 증대	기능이양과 재원배분 불일치 조세법률주의의 엄격한 시행 세원배분에 대한 갈등 경비 부담상의 갈등 중앙정부의 조정기능 약화
경제적 요인	취약한 과세기반, 지역경제 중산층의 역외이전 지역경제의 환류기능 미흡	국가경제의 위축 부동산시장의 위축
행정적 요인	재정진단 시스템의 미비 조세징수 노력의 부족 전문성과 재무정보의 부족 세무행정조직의 불합리 예산운용의 비효율성	기술·행정지원의 미흡

지방재정위기의 내·외부적 요인
(자료: 국회입법조사처, 『지방재정위기 관리제도의 문제점 및 개선방안』, 2010.)

'파산'을 막기 위해 해야 할 일

한국은 제도적으로 지방자치단체 파산이라는 개념이 없다. 그래서 어떤 이는 언론 등이 근거 없이 국민에게 불안감을 주는 무책임한 보도를 하고 있다고 비판하기도 한다. 하지만 파산제도가 없다고 실제 파산이 일어나지 않는다고 장담할 수는 없다. 앞서 일본에서도 유바리 시 파산 사태를 계기로 지방재정위기 관리제도를 강화한 사례를 보았고, 한국도 2012년부터 대폭 강화된 제도를 시행할 예정이다. 본격적인 재정위기로 넘어갈 가능성은 이미 확인된 상황이다. 중요한 것은 파산이 일어나지 않도록 예방하는 것이다. 사실 앞에서 지방재정의 위기 요인을 살펴보면서 이미 할 일은 다 나왔다. 이를 국가 차원에서 할 일과 지방정부 내에서 할 일로 나누어 다시 한 번 정리해 보자.

국가 차원에서 할 일은 주로 지방세입 확대와 제도 개선과제로 집중된다. △지방세 확충, △지방교부세 등 일반재원 지원금 확대, △지방세 비과세·감면 축소, △대응지방비 비율 등 국고보조제도 개선, △지방재정위기관리제도 강화, △지방재정영향평가제도 강화, △행정 내부감사 및 의회 견제력 강화, △재정정보 공개 및 주민참여제도 강화 등이 중요하다.

이 중에는 이미 일부 조치를 시행하고 있거나 할 예정인 부분도 있다. 우선 지방세 확충에 관해서는 2010년 부가가치세의 5%를 지방소비세로 전환한 바 있고, 2013년부터 비율을 10%

로 상향 조정할 계획임을 설명했다. 하지만 현재 지방세가 전체 조세수입의 20%밖에 안 되고 지방세수로 자체 인건비조차 충당하지 못하는 지방자치단체가 50%(2011년 51.2%)를 넘는 실정이기 때문에 추가적인 세원 이전이 필요하다. 다만 국세와 지방세 비율은 나라의 특성에 따라 차이가 커 일률적인 비교가 불가능하고, 지방정부 간 부익부 빈익빈이 심화할 우려도 있기 때문에 신중히 판단할 필요가 있다.

지방세 비과세·감면 축소에 관해서도 최근 대책이 발표된 바 있다. 2011년 12월 행정안전부는 2015년까지 지방세 비과세·감면 비율을 현행 23%에서 국세와 같이 15% 이하로 단계적으로 축소하도록 명시하는 제도(지방재정법 시행령) 개선안을 내놓았다.[36] 지방비 부담을 가져오는 정책을 사전에 종합적으로 심의하는 지방재정영향평가제도에 관해서도 2011년 지방재정법을 개정하여 시방새정심의위원회를 신설히는 조치가 이루어졌다. 지방재정위기관리제도로서는 앞서 설명한 지방재정위기 사전경보 시스템을 2012년부터 운영할 예정이다. 2011년 9월부터 모든 자치단체의 주민참여예산제도 시행을 의무화한 지방재정법 개정도 이러한 조치의 일환이라고 할 수 있다.

이처럼 일부 지방세입 확대 및 제도 개선조치가 나오고 있지만, 여전히 근본적이고 강력한 개혁조치로 보기에는 미흡한 수준이다. 특히 지방세입 확충을 위해 가장 필요한 대책은 국세를 확충하거나 교부율을 높여 지방교부세 등의 일반재원 지원금을 늘려 주는 것인데, 이에 관해서는 아직 뚜렷한 방안을 내놓지 못하고 있다. 이 부분에서 감세 정책 철회 등 획기적인 태도 변화를 보여야 한다. 국고보조제도 개선방안과 지방자치 내부견제 시스템 강화를 위한 제도 개선에 관해서도 2010년 공공감사에 관한 법률 시행 외에 뚜렷한 진전은 보이지 않는 듯하다. 공공감사법은 유명무실한 공공기관 자체감사를 강화하기 위해 감사관을 임기가 보장되는 개방직으로 임명하도록 하는 등의 내용을 담고 있다.

지방정부 내에서 할 일은 자체 세입 확대방안도 있지만 세출 구조조정과 합리성 제고, 그리고 주민참여 강화에 초점이 맞춰진다. 세입 확대방안으로는 △탄력세율제도를 활용한 세율 인상(세금 감면 철회 포함), △세금·세외수입 체납 징수 강화, △이자수입 등 세외수입 확대방안 실천 등이 있다. 세출 부문에서는 △방만한 예산집행 및 무리한 대형사업 감축이 가장 중요하고, 더불어 △경상경비 절감, △관행적 예산편성 축소(민간이전경비, 포괄사업비 등 감축 및 효율화), △자체감사 등 내부 자정기능 강화, △주민참여예산 등 주민참여제도 및 정보공개 강화가 필요하다.

대부분 앞서 이야기했거나 특별히 설명하지 않아도 이해될 내용인 듯하다. 여기서는 관행적 예산편성의 예로 든 민간이전경비와 포괄사업비에 관해서만 간단히 짚고 넘어가도록 하자. 민간이전경비는 정부가 민간인에게 지급하는 예산이라는 뜻으로, 민간단체의 공공적 활동을 지원하거나 공공사업을 위탁하고 사업비를 줄 때 집행된다. 특성상 선심성 지출이 포함될 가능성이 커 예산 중 차지하는 비율이 과다하면 바람직하지 않다는 평가를 받는다. 그런데 민간이전경비는 재정난에도 지방예산에서 차지하는 비중이 나날이 증가하고 있어 중앙정부도 관리를 대폭 강화하라고 권고하고 있는 예산이다. 2005~2009년간의 연평균 증가율을 보면, 전체 예산의 13.2%보다 훨씬 높은 17.5%를 기록하고 있다. 포괄사업비란 정식 예산항목은 아니고 구체적 계획 없이 총액만으로 편성한 예산을 일컫는 말이다. 주민편익사업비 등의 이름으로 매년 일정한 금액을 관례로 편성해놓고, 실제 예산 배분은 의원들의 재량에 맡겨 사실상 의회를 관리하는 비용으로 쓰이는 등의 문제점을 지적받아왔다.

지금까지 지방재정난의 원인과 대책을 대략 살펴보았다. 이러한 대책들을 종합적으로, 그리고 강력히 실천한다면 미국·일본과 달리 자치단체 파산과 같은 극단적인 상황을 겪지 않고 '연착륙'에 성공할 수 있으리라 믿는다. 그런데 한 가지 반드시 유념할 점이 있다. 위기상황을 잘 극복한다 하더라도 이제 더는 예전과 같은 고성장을 기대하기는 어렵다는 사실이다. 몇 년 전까지도 매년 예산규모가 10% 정도씩 늘어나는 것을 당연한 듯 생각했다. 하지만 앞으로는 저성장 시대에 맞는 새로운 관점과 운용방식이 필요하다. '확대'보다 '배분'을 잘하는 데 초점을 맞춰야 한다. 주민생활과 밀접한 행정을 담당하는 지방자치에서 배분을 잘하려면 주민의 요구를 정확히 파악해 적재적소에 적정규모의 예산을 투입해야 한다. 그 지름길이 바로 주민참여예산이다. 이제 주민참여예산이 무엇이고, 어떻게 해야 할 것인지 구체적으로 알아보자.

위기를 기회로 바꾸는 길, 참여예산

참여예산이란 무엇인가

주민참여예산(Participatory Budgeting)이란 지방정부의 예산편성 과정에 주민이 직접 참여하여 의견을 개진하고 예산의 우선순위를 결정하는 제도다. 예산안을 결정하는 권한(예산편성권)은 자치단체장의 고유권한이다. 이 권한을 주민과 '공유'한다는 것은 대단히 혁신적인 일이다. 지금까지 자치단체장은 예산편성권을 독점적·폐쇄적으로 행사해 왔다. 예산심의권이 있는 의회도 예산안이 결정되면 그것을 제출받아 삭감·조정할 권한만 있을 뿐, 예산편성 과정에 개입할 권한은 없다. 주민의 대표인 의회를 비롯한 주민 전체가 집행부의 예산안이 확정될 때까지 그 내용을 제대로 알기조차 어려웠다. 그런데 참여예산은 공식적으로 예산편성 과정을 공개하여 주민의 의견을 수렴할 뿐 아니라, 예산의 우선순위를 주민이 직접 논의·결정하도록 하는 것이다. 물론 이러한 본래의 취지를 구현하기까지 많은 노력과 시간이 필요할 것이다. 하지만 세계 각국의 수많은 경험을 통해 그것이 실제 가능하다는 사실이 입증되었다. 한국의 참여예산은 아직 걸음마 단계에 불과하지만 지방자치의 새로운 미래를 여는 열쇠가 될 가능성은 충분하다.

참여예산제의 목적은 납세자이면서 유권자인 주민이 직접 예산의 쓰임새를 결정하도록 함으로써 재정에 대한 참여민주주의를 실현하고, 주민의 직접 통제를 강화함으로써 예산의 투명성과 효율성을 높이는 데 있다. 예산은 정부가 정책을 구현하는 가장 실질적이고 능동적인 수단이다. 이렇게 중요한 정책 결정을 극소수 정치인과 공무원이 독점하는 것은 비민주적임은 물론 비효율적이기도 하다. 널리 의견을 수렴하지 않고 극소수의 판단에 의존하기 때문에 발생하는 어이없는 예산낭비가 반복되고, 다수 주민의 요구와 결정권을 행사하는 소수의 판단 사이의 괴리 탓에 예산의 우선순위가 왜곡되기도 한다.

최근 기사화된 어느 도시의 사례를 보면, 이러한 괴리가 얼마나 큰지 알 수 있다. 경기도 한 도시에 초등학생들이 직선거리 200미터밖에 안 되는 학교를 버스로 통학하는 동네가 있다. 아이들이 사는 아파트 단지와 학교 사이에 왕복 10차선 도로와 경부선 철로가 있어 길을 건너 통학하는 것이 불가능하므로 주민이 마련한 셔틀버스를 타고 2킬로미터를 돌아가는 것이다. 더욱 놀라운 일은 이런 상황이 10년째 계속되고 있다는 것이다. 주민은 10년 전부터 줄기차게 육교 건설을 요구했지만 시는 이를 외면해 왔다. 이 문제가 언론의 주목을 받은 것은 한 가지 더 이해할 수 없는 상황이 있기 때문이다. 그 10년 동안 시가 엉뚱한 곳에 개소당 수십억 원을 들여 호화롭게 멋을 낸 육교를 10여 개나 세우고 있었다는 사실이 드러난 것이다.[37] 더구나 이런 육교 상당수가 이용하는 이가 거의 없는 '유령' 시설이었다. 실태조사 결과, 31개 중 42억 원을 들여 지은 경관 육교를 포함한 29개 육교의 평균 이용자 수가 시간당 65명에 불과한 것으로 나타났다.[38] 왜 많은 주민이 원하는 데 예산을 쓰지 않고 아무도 원치 않는 데는 펑펑 쓰는가? 안전한 통학로보다 멋진 대형시설이 우선되는 것은 어째서인가? 참여예산으로 해결하고사 하는 것이 바로 이런 문제들이다.

참여예산제는 1989년 브라질의 포르투알레그레(Porto Alegre)라는 도시에서 시작되었다. 오랫동안 보수정당이 시장과 의회를 동시에 장악하고 있던 이 도시에서 1988년 진보정당인 노동자당(PT당) 두트라 후보가 시장에 당선되자 시민은 과감한 개혁이 시작될 것으로 기대했다. 주민 3분의 1이 기본적인 도시기반시설도 제대로 갖춰지지 않은 열악한 환경에서 살고 있는데도, 주민의 생활여건을 개선하기 위한 재정투자가 매우 미흡했기 때문이다. 하지만 전임 시장이 선심성으로 공무원 보수를 크게 올리는 등 재정을 방만하게 운영한 결과 경직성 경비가 예산의 98%에 이를 정도여서 신임 시장이 실제로 할 수 있는 일이 없었다. 이러한 상황을 타개하고자 시장과 주민단체가 함께 고안해 낸 것이 바로 참여예산제이다. 신임 시장이 주민에게 열악한 재정상황을 직접 설명하는 과정에서 주민단체가 새로운 예산편성 방식을 제안하자, 시장이 이를 적극적으로 수용하여 제도화한 결과이다. 시장이 솔직하게 고충을 토로하자 '주민을 위한 예산을 단번에 늘릴 수 없는 사정은 이해한다. 그렇다면, 최소한 그 적은 예산이나마 어디에 먼저 쓸지 주민이 직접 결정하게 하자.'라고 요구한 것이다.

포르투알레그레 참여예산제의 근간은 주민 누구나 참석할 수 있는 지구별 주민회의이다. 여기서 주민은 직접 예산의 우선순위에 대한 투표에 참여하고 참여예산 운영과정에서 자신의 의사를 대변할 대표도 선출하게 된다. 지구별 회의와 주제별 회의에서 선출된 대표들은 참여예산평의회를 구성하여 시 전체 차원에서 예산안을 결정하는 역할을 맡는다. 1993년부터는 교육, 경제, 도시개발, 교통, 보건복지, 문화 등 주제별 회의를 설치하여 지구별 요구 외에 시 전체 차원의 분야별 예산을 주민과 논의하는 구조도 갖췄다. 참여예산제는 노동자당 정부하에서 15년 이상(2004년 타당 집권) 지속하면서 이제는 다른 당이 집권해도 흔들리지 않는 확고한 행정 시스템으로 자리 잡았다.

성과도 상당하다. 시행 초기에는 참여예산으로 결정하는 예산이 전체 예산의 2%에 불과했지만 이후 계속 확대되어 이제는 전체의 4분의 1을 결정하게 되었다. 직접 참여자 수도 10만

명 이상으로 늘어났다. 참여예산으로 예산 사용처를 결정하니 주민의 삶의 질이 달라졌다. 일례로 1989년 48%에 불과했던 주택의 하수도 연결 비율이 참여예산제 시행 10년 만에 83%가 되었다. 주민역량도 강화되었다. 주민공동체 조직이 15년 만에 40%나 늘어 2004년 3천여 개에 이르게 되었다. 이러한 성과가 다른 지역은 물론 외국에까지 알려지면서 포르투알레그레의 참여예산제는 국제적으로 주목받게 되었고 세계 각국으로 전파되기 시작했다. 세계사회포럼에 2001년부터 3년 연속 성공사례를 소개하는 주빈으로 초대되었고, UN에 의해 '행정의 투명성을 보장하는 가장 혁신적인 방법'으로 평가받기도 했다. 지금 포르투알레그레의 참여예산제는 남·북 아메리카는 물론 유럽, 아시아 등 전 세계 수많은 지방정부에서 이를 벤치마킹한 유사한 시스템으로 계속 확산되고 있다.

한국 참여예산제의 역사

한국에 참여예산제가 소개된 것은 브라질 노동자당과 교류하고 있던 민주노동당에 의해서다. 민주노동당이 2001년 서울시에 '예산참여 시민위원회 설치조례' 제정을 청구하는 캠페인을 벌이면서 참여예산제가 무엇인지 알려지기 시작했다. 시민단체들도 이에 호응하여 예산감시네트워크(예산감시단체 연대기구) 등을 중심으로 참여예산조례 제정운동을 시작했다. 이러한 분위기가 조성되자 2002년 지방선거 출마자 중에 참여예산제 시행을 공약으로 내거는 사람들도 생겨났다. 당시 집권 초기였던 노무현 정부도 2003년 7월 지방분권 추진 로드맵에서 참여예산을 비롯한 주민참여제도 도입 및 활성화를 정책과제로 채택하는 등 긍정적인 태도를 보였다. 이러한 흐름이 이어지면서 2003년 8월부터 공청회 등 논의를 시작한 광주광역시 북구가 2004년 우리나라 최초의 참여예산조례를 제정했다. 이어 울산시 동구가 같은 해 조례를 제정했고 이후 2006년 9월까지 총 17곳의 자치단체가[39] 참여예산 또는 주민참여조례를 제정하면서 참여예산제를 도입했다. 이때까지는 지방정부 차원의 자발적 도입 단계라고 말할 수 있다.

한편 노무현 정부 집권 후 주민참여 활성화에 대한 정책적 관심이 높아지면서 중앙정부가 주도하여 참여예산제를 확산시키고자 하는 움직임이 나타났다. 2004년 지방자치단체 예산편성지침에 주민을 예산편성에 참여시키도록 권고하는 내용이 포함되었고, 2005년 8월 지방재정법 개정, 같은 해 12월 지방재정법 시행령 개정으로 주민참여예산제의 명시적인 법적 근거[40]가 마련되었다. 그렇지만 2006년 8월 행정자치부(현 행정안전부)가 각 자치단체에 참여예산조례 표준안을 시달하기 전까지는 국가 차원의 정책적 관심이나 입법 조치들이 실제 큰 영향을 미치지는 못했다.

그런데 행정자치부가 표준조례안을 자치단체들에 내려 보내면서 참여예산제 시행 여부를 지방재정 평가지표 중 하나로 삼자 중앙정부의 관심이 적극적이라고 실감한 자치단체들이 서둘러 조례를 제정하기 시작했다. 중앙정부의 성과보수를 얻는 데 조례 제정이 도움이 되리라 판단한 것이다. 그래서 2006년 9월 기준 17곳에 불과했던 참여예산조례 제정 지역이 약 1년 만인 2007년 11월에는 62곳으로 급증했고, 2010년 6월까지 총 102곳에 이르게 되었다. 하지만 이때 갑자기 조례를 제정한 자치단체들은 대부분 실제로는 참여예산제를 전혀 시행하지 않았다. 행정자치부 표준조례안이 워낙 형식적인 수준이기도 했지만, 이때 조례를 만든 자치단체 상당수가 참여예산이 무엇인지 기본적인 이해도 없이 그냥 행정자치부 조례안을 베꼈던 것이다. 이후 이명박 정부가 집권하면서 참여예산을 비롯한 주민참여제도에 대해 중앙정부의 관심이 현저히 낮아지자 참여예산제는 처음 자발적으로 제도를 도입한 극소수 지역에서만 명맥을 유지하는 상태로 다소 사회적 관심에서 밀려난 듯했다.

정체 상태였던 참여예산제는 2010년 지방선거를 계기로 화려하게 '부흥'했다. 이 선거에서 진보정당을 비롯한 야당 소속의 자치단체장이나 지방의원이 대거 당선되면서 이들이 공약으로 제시한 참여예산제 시행이 급물살을 타기 시작했다. 특히 과거 참여예산조례 제정 실적이 가장 부진했던 서울, 경기, 인천 등 수도권 지역의 움직임이 매우 활발했다. 사회적 관심이 급격히 높아지자 중앙정부의 태도도 달라졌다. 중앙정부(행정안전부)도 2010년 10월 주민참여예산조례 모델 안을 제시하면서 적극적으로 자치단체에 참여예산제 시행을 권고하기 시작했다. 이 모델 안은 과거 2006년의 표준안과 같은 내용의 조례안 외에 두 가지 모델을 추가로 제시하여 자치단체 자율로 세 가지 모델 중 하나를 선택하도록 하는 형식을 취하고 있다. '모델 안 1'은 2006년의 표준안과 대동소이한 내용으로 참여예산위원회의 설치를 비롯한 모든 주요 기구의 설치 등을 모두 임의규정으로 하여 자치단체장의 재량에 맡겨두는 형태이다. '모델 안 2'는 참여예산위원회 구성을 의무규정으로 하고 관련조항을 보다 세부적으로 규정한 것이다. '모델 안 3'은 참여예산위원회 내에 분과위원회를 두는 등 권한과 역할을 보다 강화하고 주민교육 및 홍보 등 관련 행정지원을 세부적으로 명시한 것이다.

나아가 2011년 3월 지방재정법이 개정되면서 참여예산제 시행이 법적 의무사항으로 규정됨에 따라 같은 해 9월부터 모든 자치단체가 의무적으로 참여예산제를 시행하게 되었다. 다만 법률에서 말하는 '예산편성에의 주민참여'는 참여예산조례 제정을 필수적으로 요구하는 것은 아니다. 구체적 내용을 정한 지방재정법 시행령에 공청회, 간담회, 설문조사, 사업공모 등을 모두 예산참여의 한 형태로 나열하고 있기 때문이다. 하지만 행안부가 모델조례안을 시달하고, 법률이 개정되는 등 정부가 참여예산제 시행에 대한 의지를 보이면서 거의 모든 자치단체가 참여예산조례를 제정할 것으로 전망된다. 실제 2011년 8월 기준 244개 자치단체 중 195개(80%)가 조례 제정을 완료했고, 나머지 자치단체도 대부분 제정과정을 진행하고 있다. 이처럼 참여예산제가 보편적으로 시행되면서, 각 지역의 열의와 역량에 따라 그 수준 차이도 더욱 벌어질 것으로 예상한다.

참여예산, 이렇게 한다

한국에서 참여예산의 모범적 선행사례로 일컬어지는 광주시 북구, 울산시 동구, 대전시 대덕구 등의 참여예산제는 조례의 내용이나 운영체계가 대체로 비슷하다. 명칭은 조금씩 다르지만 모두 지역회의와 시민위원회('예산참여 시민위원회' 등의 명칭), 민관협의회, 참여예산연구회 등의 기구를 두고 있다. 지역회의는 동별로 구성하며 주민 의견을 수렴하고 시민위원을 선출하는 역할 등을 한다. 일정수의 주민으로 구성하는 경우(광주시 북구, 대전시 대덕구)도 있고, 주민 누구나 참석할 수 있는 경우(울산시 동구)도 있다. 시민위원회는 참여예산 운영체계의 핵심 기구로서 지역회의 등에서 시민들이 제안한 예산과 행정부서별 예산요구에 대한 우선순위를 심의·조정하는 역할을 수행한다. 민관협의회는 시민위원회 대표와 지치단체장 및 행정부 간부들로 구성되며 예산편성안을 최종적으로 결정하는 기구이다. 참여예산연구회는 참여예산 진행과정을 평가하여 발전방안을 제시하는 등의 역할을 하는 지원기구이다. 주로 전문가와 시민운동가 등으로 구성된다.

울산시 동구의 사례를 통해 참여예산제가 어떻게 진행되는지 구체적으로 알아보자. 울산시 동구는 본격적인 제도 시행 전인 2003년 11월 참여예산추진단을 구성하여 체계적인 준비부터 시작했다. 이후 2004년 1월에 참여예산연구회를 구성하고 3월에 주민설명회를 개최했으며, 6월에는 조례를 제정하여 참여예산제를 공식적으로 시행하기 시작했다. 첫해에는 주로 주민교육과 홍보 등에 역점을 두고 참여예산의 범위도 일반회계 중 자체사업예산에만 한정해서 시범적으로 운영했으나, 2005년부터 대상예산의 범위를 일반회계 및 특별회계 전체(경상비 중 법정 경비 등 조정 불가능한 경우 제외, 사업비는 자체사업에 한정)로 확대했다.

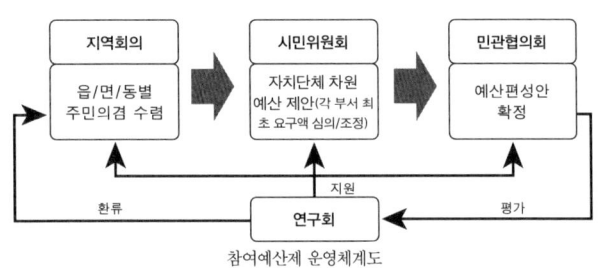

참여예산제 운영체계도

연간 참여예산제 진행과정의 첫 번째는 참여예산학교 개최다. 주로 시민위원을 대상으로 매년 개최하며 예산 및 참여예산제에 대한 이해를 돕고, 시민위원의 책임과 역할에 대한 인식을 확립하는 데 초점을 둔다. 본격적인 과정은 지역회의 및 시민위원회 1차 분과위원회가 열리는 7월경부터 진행된다. 이러한 회의를 통해 주민에게 예산 현황 및 편성방침을 설명하고 주민 의견을 수렴하는 것이다. 이후 수렴된 의견 등을 반영한 부서별 예산요구서가 제출되면 2차 분과위원회를 열어 우선순위를 결정하는 등 심의·조정을 한다. 이 결과를 바탕으로 구청장을 위원장으로 하는 민관협의회에서 예산안을 조정·결정한 후 시민위원회에 이를 보고한다. 시민위원회는 3차 분과위원회 및 총회를 통해 협의회에서 결정한 예산안을 승인할지를 결정한다. 만약 시민위원회 총회에서 협의회 안이 부결되면 협의회에 재심의를 요구할 수 있고, 2차 총회에서도 다시 부결되면 협의회 재결 후 구청장 직권으로 의회에 예산안을 올릴 수 있다.

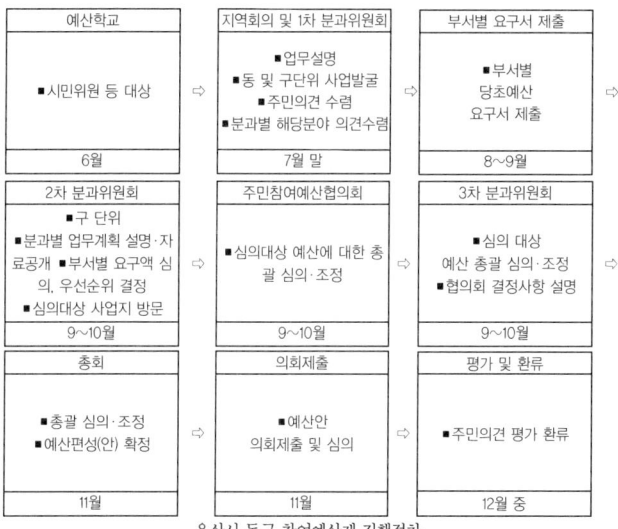

울산시 동구 참여예산제 진행절차

참여예산제를 통해 결정되는 예산이 전체 예산에서 차지하는 비율은 본예산의 10%(2009년 10.1%, 2010년 11%, 2011년 9.7%) 정도로 안정적으로 유지되고 있으며, 의회의 예산심의를 거쳐 최종적으로 예산에 반영되는 비율도 90%(2009년 88%, 2010년 93%, 2011년 93%)를 넘는 등 이제 울산 동구의 참여예산제는 정착 단계로 접어들었다고 볼 수 있다. 또한, 이러한 성과가 알려지면서 언론의 주목을 받은 것은 물론 다른 자치단체와 의회 등의 벤치마킹을 위한 방문 등이 100여 회에 이르며, 일본 등 외국 관계자까지 찾아온다고 한다.[41]

주민의 힘으로 지방자치를 바꾸자

참여예산제는 기존의 정책 및 예산 결정과정을 뒤흔드는 제도로서 당연히 공무원과 정치인의 반발을 불러올 수 있다. 앞서 참여예산제를 시행한 지역에서 공무원이나 의회의 거부감 또는 비협조적 태도 등으로 말미암아 시행 초기에 문제가 발생하는 경우가 있었고, 최근 새롭게 참여예산제를 시행하거나 준비하고 있는 지역에서도 이런저런 어려움이 많은 것이 사실이다. 하지만 국내외 선행사례에 대한 많은 연구·조사 결과를 보면, 시간이 지날수록 공무원과 정치인의 인식도 긍정적으로 바뀌는 경우가 많다는 사실을 확인할 수 있다. 또한 주민의 지방예산 및 행정에 대한 이해뿐 아니라 지역문제 전반에 대한 관심이 높아진다는 것이 공통된 조사결과다. 참여예산제는 예산의 투명성과 효율성을 높일 뿐 아니라, 실질적인 행정참여 경험을 통해 시민의 자신감과 역량을 강화시키는 데도 크게 이바지할 수 있는 제도다.

이러한 긍정적인 기대효과를 거둘 수 있는 참여예산제를 정착·발전시킬 수 있는가는 결국 주민의 의지와 역량에 달려 있다. 더불어 원칙은 지키되, 우리 지역 실정에 맞는 고유의 참여예산 모델을 만들어 보겠다는 유연한 사고방식이 필요하다. 참여예산제의 구체적 틀과 운영방식은 지역마다, 나라마다 크게 다르다. 이른바 모범사례로 소개되는 세계 여러 나라의 사례를 보면 앞선 사례를 답습하기보다 지역 실정에 맞는 독창성을 발휘한 곳이 성공했다는 사실을 확인할 수 있다.

다만 몇 가지 기본적인 원칙을 유념해야 한다. 참여의 개방성과 시민에 대한 권한 부여, 운영과정의 투명성 등을 지켜야 한다. 우선 참여의 개방성이란 자신의 의견을 개진하고자 하는 주민 누구나 참여예산 과정에 참여할 수 있는 기회를 보장하는 프로그램을 반드시 갖춰야 한다. 주민 모두에게 개방된 지역회의, 주민의 직접 투표 결과를 예산 우선순위 결정에 반영하는 것 등의 사례를 참조할 수 있다. 시민에 대한 권한 부여도 핵심적인 원칙이다. 참여예산제가 단순한 의견 개진 또는 자문 역할에 머무르도록 해서는 안 된다. 될 수 있으면 예산안 전체를 시민위원회와 협의하여 결정하는 것이 타당하지만, 시행 초기 등 제약이 있더라도 최소한 주민 제안의 우선순위는 주민 스스로 결정하도록 권한을 줘야 한다. '마음대로 이야기해라. 결정은 내가 하겠다.'라는 식이라면, 그것은 진정한 의미의 참여예산이 아니다. 마지막으로 운영과정의 투명성을 지켜야 한다는 것은 참여예산 전 과정을 주민 모두에게 공개해야 한다는 의미다. 참여예산제가 또 다른 '밀실 흥정'이 되지 않도록 모든 논의를 공개적으로 한다는 원칙을 세워 놓아야 한다. 나아가 주민참여가 궁극적으로 지역공동체의 지속가능성을 확보하는 지름길이 될 수 있도록 사회적 소수에 대한 배려, 인권과 환경보호 등 공공의 이익을 먼저 고려하는 논의체계를 만들어 나가야 한다.

우리 지방재정이 매우 어려운 상황에 놓여 있다는 것은 분명한 사실이다. 재정의 안정성과 자주성 없이는 지방자치가 제대로 작동할 수 없으므로 이러한 상황을 개선하기 위한 전 사회적 노력이 반드시 필요하다. 하지만 국가의 관리·감독 강화와 같은 통제 위주의 방식으로는 일시적 효과밖에 기대할 수 없다. 더구나 지방정부 파산이 현실화되면 피해는 고스란히 애꿎은 주민에게 돌아갈 것이다. '수입 확대'도 근본적 해결책은 아니다. 지금의 시스템과 행태가 바뀌지 않는다면 늘어난 수입도 어디론가 사라져 버리고 금방 제2의 위기가 올 가능성이 크다. 경제 고성장 시대는 끝났고 복지 확대 요구는 더욱 커질 것이다. 수입 증대보다 지출 확대가 빠를 수밖에 없다. 결국 근본적인 대안은 예산의 배분방식을 바꾸는 것이다. 예산을 결정하고 집행하는 방식을 바꿔 효율성을 극대화해야 한다. 지방예산을 가장 효율적으로 쓰는 길은 주민의 요구를 정확히 파악하는 데서 출발한다. 주민참여예산은 바로 그 출발점이 될 수 있는 구체적 대안이다.

주

1) 예산은 성립시기에 따라 본예산(당초예산)과 추가경정예산(추경예산), 수정예산, 준예산 등으로 구분할 수 있다. 이 중 많이 쓰이는 용어는 본예산과 추가경정예산이다. 본예산은 회계연도 개시 이전 정상적인 시기에 의회의 심의를 받아 확정된 예산을 말하며, 추경예산은 회계연도 개시 이후, 즉 예산집행 도중에 발생한 사유로 인해 당초예산을 수정하여 새로이 세운 예산을 말한다.
2) 일반회계와 특별회계 예산을 단순 합산한 '총계예산'에서 중복으로 계산된 부분을 제외한 실제적 재정규모를 '순계예산'이라 한다.
3) 국가나 지방자치단체가 외부에서 빌린 돈의 상환을 일방적으로 미루는 행위.
4) 성남시가 지급유예를 선언한 항목은 '공동공공시설비'와 '초과수익부담금'이다. 공동공공시설비는 판교신도시를 개발하면서 LH가 미리 부담한 공사비로 공동시행자인 성남시와 LH가 지분율에 따라 나눠 부담하는 비용이고, 초과수익부담금은 성남시와 LH가 판교개발사업으로 얻는 수익이 적정범위를 초과할 때 내야 하는 돈이다.
5) 2011년 11월 16일 자 「경향신문」 "도로 1m 확장에 2억 원…… 성남시 모라토리엄 불렀다" 기사 참조.
6) 2011년 5월 9일 자 「세계일보」 "대전 동구청사 공사 1년 만에 재개" 기사 참조.
7) 2010년 1월 27일 자 「세계일보」 "호화 청사 부산 남구청…… 재정악화 지방채 발행" 기사 참조.
8) 2011년 5월 3일 자 「주간경향」 "일부 지자체 공무원 월급도 부족하다" 기사 참조.
9) 삼성경제연구소, 이슈페이퍼 「위기의 지방자치, 민선 5기의 도전과 과제」, 2010. 80쪽.
10) 2010년 말 지방채 잔액은 유정현 국회의원이 행안부의 자료를 근거로 발표한 수치를 2011년 9월 26일 자 「세계일보」 "전국 지자체 빚 2년 새 50%나 늘었다" 기사에서 재인용한 것이다.
11) 전상경, 『현대지방재정론』, 박영사, 2011. 491쪽.

12) 정부가 집행하는 모든 수입과 지출을 합한 재정규모를 통합재정이라고 하며, 그 수입과 지출의 차이를 통합재정수지라고 한다.
13) 정성호·정창훈, 「지방재정 위기와 로컬 거버넌스의 역할」, 『지방행정연구』 제85호, 2011. 18쪽.
14) 2011년 10월 6일 자 「서울신문」 "인천시, 재정위기 지자체에 포함될까 촉각" 기사 참조.
15) 회계연도는 정부마다 달리 설정할 수 있다. 영국, 일본 등은 매년 3월부터 다음 해 2월까지, 미국 연방정부는 10월부터 9월까지를 회계연도로 정한다. 또 반드시 1년간으로 해야 하는 것도 아니다.
16) 디지털 예산회계시스템(http://www.digitalbrain.go.kr) '재정 배움터' 코너.
17) 국회입법조사처, 「지방의회의 재정 감독권 강화방안」, 현안보고서 제78호, 2010. 5.
18) 실제로는 '교부'와 '보조'가 이 설명처럼 명확히 나뉘는 개념은 아니지만, 일반 독자를 위해 용어의 특징을 단순하게 대비시켰다.
19) 내국세는 국세 중 목적세 및 종합부동산세와 다른 법률에 따라 특별회계 재원으로 사용되는 세목의 당해 금액을 제외한 것이다.
20) 2010년 10월 18일 자 「연합뉴스」 "대전시 조정교부금 인하조례 통과, 자치구 반발" 기사 참조.
21) 2011년 1월 11일 자 「연합뉴스」 "광주광역시 조정교부금 인하 추진, 자치구 재정에 영향" 기사 참조.
22) 전년도에 없었던 참전유공자 명예수당과 사망위로금 예산 15억 원을 새로 편성한 것이 주된 원인이었다.
23) 국회예산정책처, 『지방자치단체 재정난의 원인과 대책』, 2010. 91쪽.
24) 감세로 말미암은 세수 감소 규모는 추산치이므로 연구주체 및 시점 등에 따라 차이가 난다.
25) 국회예산정책처, 『2012년도 예산안 총괄』, 2011. 72쪽.
26) 김종순, 『지방소비세 개선방안에 관한 연구』, 국회예산정책처, 2011. 8쪽.
27) 국회예산정책처, 『지방자치단체 재정난의 원인과 대책』, 2010. 97쪽.
28) 김종순, 『지방소비세 개선방안에 관한 연구』, 국회예산정책처, 2011. 21~38쪽.

29) 국회예산정책처, 『지방세의 현황과 과제』, 2011. 54~62쪽.
30) 행정안전부, 『2011년도 지방자치단체 예산개요』, 2011. 111쪽 및 150~153쪽.
31) 2011년 9월 11일 자 「파이낸셜뉴스」 "대구시교육청, 예금이자 수입 크게 늘어" 기사 참조.
32) 채연하, "조기 집행, 득보다 실이 크다", 『좋은 예산』 제4호, 좋은 예산센터, 2010. 10.
33) 2011년 10월 11일 자 「내일신문」 "인천 아시안게임 주 경기장 건설에 국비지원을"(신동근 인천시 정무부시장 기고) 참조.
34) 오건호, 『대한민국 금고를 열다』, 레디앙, 2010. 180쪽.
35) 국회예산정책처, 『지방자치단체 재정난의 원인과 대책』, 2010. 68~73쪽.
36) 2011년 12월 14일 자 「서울신문」 "지방세 비과세·감면 비율 15% 이하로 단계적 축소" 기사 참조.
37) 2011년 5월 18일 자 〈SBS〉 "학교가 코앞인데…… 육교 없어 10년째 셔틀버스행" 기사 참조.
38) 2011년 1월 6일 자 「연합뉴스」 "수원 시내 육교 상당수 이용률 저조" 기사 참조.
39) 경기 시흥시, 안성시, 안산시(주민참여 기본조례) / 충남 서산시 / 충북 청주시(시민참여 기본조례) / 전남 강진군, 광양시, 여수시, 장성군, 순천시, 영광군 / 광주광역시 북구 / 대전 대덕구, 중구 / 울산 동구, 북구 / 경남 밀양시 등이다.
40) 다만, 이때 제정된 법률은 주민참여예산을 '시행할 수 있다.'라는 임의규정으로서 실제 시행 여부는 자치단체 자율에 맡겼다.
41) 한국지방행정연구원(http://www.krila.re.kr) 'e-뉴스레터' 2011년 11월호 내용 참조.

참고문헌

단행본

강용기, 『현대지방자치론』, 대영문화사, 2008.
신무섭, 『재무행정학』, 대영문화사, 2009.
오건호, 『대한민국 금고를 열다』, 레디앙, 2010.
오관영, 『예산을 알면 지역이 보인다』, 이매진, 2009.
윤영진, 『새재무행정학』, 대영문화사, 2008.
전상경, 『현대지방재정론』, 박영사, 2011.

논문·연구자료

감사원 평가연구원, 『일본의 지방재정개혁 및 재정분석·평가에 관한 연구』, 2007.
국회예산정책처, 『2012년도 예산안 총괄』, 2011.
국회예산정책처, 『2011년도 대한민국 재정』, 2011.
국회예산정책처, 『지방세의 현황과 과제』, 2011.
국회예산정책처, 『지방자치단체 재정난의 원인과 대책』, 2010.
국회예산정책처, 『감세의 지방재정 영향 분석』, 2009.
국회예산정책처, 『2011년 세법개정안의 주요 쟁점』, 2011.
국회입법조사처, 「지방의회의 재정 감독권 강화방안」, 현안보고서 제78호, 2010.
국회입법조사처, 『지방재정위기관리제도의 문제점 및 개선방안』, 2010.
기획재정부, 『2011년도 나라살림 개요』, 2011.
김종순, 『지방소비세 개선방안에 관한 연구』, 국회예산정책처, 2011.
김재일, 『중앙·지방의 사회복지재정 분담제도 개선방안』, 2011.
삼성경제연구소, 「지방재정 위기의 해법: 3조+2런」(경제포커스 제302호), 2010.
삼성경제연구소, 「위기의 지방자치, 민선 5기의 도전과 과제」, 2010.
이용환, 『주민참여예산제의 효율적 운영방안』, 경기개발연구원, 2011.

정성호·정창훈, 「지방재정 위기와 로컬 거버넌스의 역할」, 『지방행정연구』 제85호, 2011.
풀뿌리자치연구소 이음, 『참여예산을 상상하라』, 2011.
한국조세연구원, 『지방자치단체의 재정책임성 제고방안』, 2008.
행정안전부, 『2011년도 지방자치단체 예산개요』, 2011.
행정안전부, 「지방재정위기 사전경보 시스템 기본계획안」, 2011.

인터넷 사이트
기획재정부 디지털예산회계시스템
　(https://www.digitalbrain.go.kr)
좋은예산센터(http://goodbudget.kr)
한국지방행정연구원(http://www.krila.re.kr)
행정안전부 재정고(http://lofin.mopas.go.kr)

대한민국 리스크 - 지방재정편
지방자치단체, 돈이 새고 있다

펴낸날	초판 1쇄 2012년 2월 1일

지은이	**최인욱**
펴낸이	**심만수**
펴낸곳	**㈜살림출판사**
출판등록	1989년 11월 1일 제9-210호

경기도 파주시 문발동 522-1
전화 031)955-1350 팩스 031)955-1355
기획·편집 031)955-1374
http://www.sallimbooks.com
book@sallimbooks.com

ISBN 978-89-522-1696-0   04080

※ 값은 뒤표지에 있습니다.
※ 잘못 만들어진 책은 구입하신 서점에서 바꾸어 드립니다.

책임편집 **이소정**